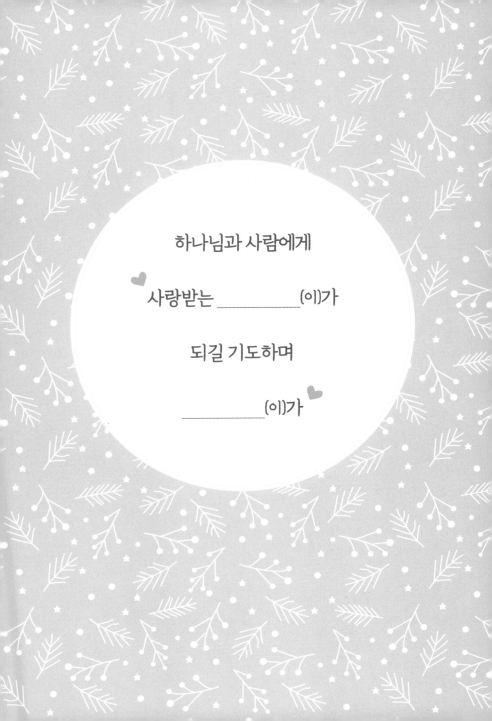

하나님과 사람에게

사랑받는 _____(이)가

되길 기도하며

_____(이)가

다독다독 첫 기도

지은이 | 황성숙
초판 발행 | 2020. 4. 26
2쇄 발행 | 2024. 10. 29
등록번호 | 제1988-000080호
등록된 곳 | 서울특별시 용산구 서빙고로65길 38
발행처 | 사단법인 두란노서원
영업부 | 2078-3333   FAX | 080-749-3705
출판부 | 2078-3331

책값은 뒤표지에 있습니다.
ISBN 978-89-531-3747-9 03230

독자의 의견을 기다립니다.
tpress@duranno.com   www.duranno.com

두란노서원은 바울 사도가 3차 전도여행 때 에베소에서 성령 받은 제자들을 따로 세워 하나님의 말씀으로 양육하던 장소입니다. 사도행전 19장 8~20절의 정신에 따라 첫째 목회자를 돕는 사역과 평신도를 훈련시키는 사역, 둘째 세계선교(TIM)와 문서선교 (단행본·잡지) 사역, 셋째 예수문화 및 경배와 찬양 사역, 그리고 가정·상담 사역 등을 감당하고 있습니다. 1980년 12월 22일에 창립된 두란노서원은 주님 오실 때까지 이 사역들을 계속할 것입니다.

내 아이를 위한
하루 5분 기도 축복

다독다독 첫 기도

황성숙 지음

매일 한 장씩
구체적으로 기도하며

아이의 삶을
하나님께 맡겨드리세요

40주년 두란노

《다독다독 첫 기도》 출간에 대한 부담은 첫 번째 책보다 더 크게 다가왔습니다. 그러다 보니 집필 기간도 더 길어졌습니다. 하지만 첫 번째 책을 위한 기도와 동일하게 저의 기도는 오직 하나였습니다.

'아버지 뜻이 아니면 이 책의 출간을 막아 주세요.'

출판사와 계약이 진행되는 중에도 기도는 계속되었고, 지금도 계속되고 있습니다. 하나님의 뜻이 아닌 길로는 걸어가고 싶지 않기 때문입니다.

하지만 오랜 시간 계속된 기도에도 불구하고 책의 출간을 막지 않으시는 아버지의 마음을 저의 가슴에 새깁니다. 아버지의 눈물을 제 심장에 받아 안으며 원고를 다듬고 마무리 지으면서 출간을 진행했습니다.

저에게는 출간을 결심하게 된 명확한 이유가 있습니다. 대학에서 수업할 자료를 찾던 중, 우연히 저의 시선을 멈추게 한 영상이 있었습니다. 어떤 임신부가 자신의 만삭된 배를 만지며 '알라, 알라'라고 속삭이던 영상이었습니다. 그 영상을 보는 순간, 뱃속 아이의 미래가 그려졌습니다.

'이 아이도 태어나서 저 엄마처럼 알라의 이름을 배우고 알라를 부르며 한평생을 살아가겠지.'

순간 온몸이 경직되는 듯했습니다. 곧이어 머릿속에 다른 장면들이 떠올랐습니다. 하나님을 아버지라 부르는 크리스천 가정의 임신부와 그 남편이 만삭된 배를 만지며, '하나님! 하나님! 하나님!'을 부르고 찬양을 드리며 환하게 미소 짓고 있는 장면이었습니다. 육안으로는 보이지 않지만 제 두 눈엔 그 뱃속 아이의 모습이 너무나 선명하게 보이는 것 같았습니다. 아이는 '하나님!' 그 이름만 듣고도 움찔하며 온몸으로 반응하고 있었습니다. 영안으로 보게 하셨다고 믿게 되는 아이의 반응은 하나님이 아주 크게 기뻐하고 원하시는 태아의 모습이었습니다.

저는 이런 꿈을 꿉니다. 엄마 뱃속에서부터 살아 계신 하나님의 이름을 부르고 찬양하며 자란 아이가 세상 밖으로 나오면 뱃속에서부터 듣던 그 이름, '하나님!'을 따라 부르고 자그마한 두 손 높이 들어 찬양합니다. 또 뱃속에서부터 엄마 아빠의 목소리로 들어 왔던 하나님의 사람들에 관한 이야기, 성경 말씀을 귀기울여 듣습니다. 그것은 저만의 꿈이 아닌 하늘의 꿈, 하나님 아버지의 꿈이기도 합니다. 그런 꿈을 꿀 때는 아버지의 미소를 봅니다. 이러한 아버지의 꿈이 독자들 가정에서 모두 이뤄지길 바라고 믿으며 기도합니다.

아버지의 마음으로 그려진 고운 꿈을 꾸며 태아와 그 부모들을 위한 기도를 계속해 왔습니다. 그러다가 생후 1년 동안 아이를 안고 기도하는 수많은 부모들을 위해 하나님의 마음과 눈물을 더 깊이 눌러 담아 《다독다독 첫 기도》를 출간하였습니다.

이 땅의 모든 부모의 마음을 읽어 봅니다. 모든 부모의 소망은 내 아이에게는 가장 좋은 것만 주고 싶고 고운 것만 입히고 싶다는 마음일 것입니다. 하지만 다른 무엇보다 하나님의 이름을 듣고 배우고 부르는 아이로 기른다면, 부모가 아이에게 줄 수 있는 그 어떤 선물보다 복된 선물이 될 것입니다. 살아 계신 하나님 앞에서 부모인 우리가 먼저 겸손히 엎드리며 하나님의 도우심을 간구하길 기도합니다. '하나님 한 분이시면 만족합니다'라는 고백을 드리는 부모가 되길 간절히 기도합니다. 저 또한 이 기도가 계속되길 기도할 뿐입니다.

2020년 4월

황성숙

Contents

2부 영아와 함께 드리는 기도

《다독다독 첫 기도》
이렇게 활용해 보세요!

❀ 페이지 상단에 기도하는 날짜와 그 날에 해당되는 아이의 생후 날짜를 기록해요.

❀ 매일 하루 5분! 시간을 정해 편안한 자리에서 시작해요. 아이의 생활 패턴이 매일 같지 않기 때문에 매일 같은 시간에 기도하는 것이 힘들겠지만 꾸준히 반복하는 것이 중요해요.

❀ 이 시간을 온전히 성령님께 의탁하며 경배와 찬양을 드려요. 제시된 찬송을 부르며 예비하신 은혜를 간절히 사모하는 마음으로 준비해요.

❀ 말씀을 큰 소리로 세 번 읽으며 약속의 말씀으로 받아요. 마음에 확신이 생기지 않는다면 마음에 심겨지기까지 반복해서 읽어도 좋아요.

✽ 말씀 그대로 역사하실 하나님을 기대하며 엄마 아빠가 함께 기도
   문을 선포해요. 아이의 삶을 이끌어 주실 하나님을 믿으며 발달
   단계에 맞게 기도해요.

✽ 아이가 깨어 있어도 잠을 자도 좋아요. 말씀 동화는 아빠가 할 수
   있는 시간에 아이를 안고 읽어 주세요. 아이가 크면 직접 동화를
   보며 말씀을 접할 수 있어요. 아이가 클 때까지 이 책을 사용해 보
   세요.

✽ 아이를 키우며 좋은 일만 있는 것은 아니에요. 때론 외롭고 두려
   울 때도 있어요. 그럴 때 부록에 있는 말씀을 소리 내어 읽어요.
   하나님은 아이를 살피고 돌보시지만, 아이를 키우는 엄마 아빠도
   아이와 함께 행복하기를 기도하세요.

1부

신생아와 함께 드리는 기도

1장

생후 1주

(1~7일)

새 생명을
축복하소서

15 그가 요셉을 위하여 축복하여 이르되 내 조부 아브라함과 아버지 이삭이 섬기던 하나님, 나의 출생으로부터 지금까지 나를 기르신 하나님, 16 나를 모든 환난에서 건지신 여호와의 사자께서 이 아이들에게 복을 주시오며 이들로 내 이름과 내 조상 아브라함과 이삭의 이름으로 칭하게 하시오며 이들이 세상에서 번식되게 하시기를 원하나이다 창 48:15-16

♥ 복된 아가 _____(애)야! 너를 우리에게 보내 주신 분은 전능하시며 사랑이 많으신 하나님이란다. 너의 출생부터 영원토록 너를 기르고 지키며 영육을 강건하게 하실 하나님께 찬양과 감사를 드리자. 그 하나님은 천지를 창조하신 분이며, 위로 하늘의 복과 아래로 깊은 샘의 복을 주신 분이란다. 늘 하나님의 말씀대로 순종하며 살아가는 _____가 되길 기도할게.

1

하나님만이 참 평안이심을
깨닫게 하소서

어저께나 오늘이나(찬송가 135장) | 다함없는

> 그가 요셉을 위하여 축복하여 이르되 내 조부 아브라함과 아버지 이
> 삭이 섬기던 하나님, 나의 출생으로부터 지금까지 나를 기르신 하나
> 님 창 48:15

_____(이)를 우리 가정에 보내 주신 하나님! 아이가 태어난 이 순간, 온 가족이 기쁨과 감사의 기도를 드립니다. 이 축복의 순간을 허락하신 주님, 감사합니다.

아이는 '응애' 하며 큰소리로 자신의 존재를 알렸습니다. 갓난아이를 품에 안고 두 팔로 감싸던 순간, 하나님의 크신 축복이 우리 가정에 임했음을 알았습니다. 온 마음으로 감사하며 두 손 높여 찬양을 드립니다.

나의 배 위에 작은 배를 맞대고 엎드린 아이를 부드럽게 쓰다듬을 때마다 하나님의 사랑의 손길로 아이의 온몸을 만져 주소서. 아이가 엄마의 심장 소리를 들으며 안정감을 찾듯이, 일생토록 하나님 안에서 참 안식을 누릴 수 있게 하소서. 하나님만이 우리의 참 평안이심을 깨닫게 하소서. "주님 없이는 한 순간도 살 수 없습니다"라고 고백할 줄 아는 아이로 자라나게 하소서. "아브라함과 이삭의 하나님이 나를 출생부터 지금까지 기르셨습니다"라고 고백할 줄 아는 아이로 자라나게 하소서.

우리가 부드러운 목소리로 아이의 이름을 부를 때마다 그 이름을 기억해 주소서. 하나님의 크신 사랑으로 아이의 연약한 육신을 덮어 주소서. 출생부터 영원까지 아이의 걸음을 인도하시고, 하나님만을 송축하는 아이로 자라게 하소서.

예수님의 이름으로 기도합니다. 아멘!

이 세상은
하나님이 만드신
멋진 작품이야

: 천지 창조 이야기(창 1:1-31)

복된 아가 _____(아)야! 하나님이 온 세계를 창조하신 이야기를 들려줄게.

"뚝딱뚝딱! 스르르 스르르!"

이건 무슨 소리일까? 이 소리는 하나님이 6일 동안 천지 만물을 만드실 때 울리던 소리들이야. 하나님은 이 아름다운 세상을 오직 말씀으로만 뚝딱! 만드셨단다.

첫째 날, 하나님은 아주 캄캄했던 세상을 환하게 비춰 줄 밝은 빛을 만드셨어. 둘째 날은 파랗고 높은 하늘을 만드셨지. 셋째 날은 땅과 바다를 만드시고, 각종 채소와 새콤달콤한 과일을 만드셨단다. 사과, 귤, 딸기 외에도 아주 다양하고 맛있는 과일들을 만드셨어. 넷째 날은 따스한 빛을 품은 해와 밤하늘에 반짝반짝 빛나는 달과 별을 만드셔서 낮과 밤을 나누셨단다. 다섯째 날은 바닷속을 헤엄치는 물고기와 하늘을 날아다니는 새를 만드셨어. 여섯째 날은 땅의 동물을 만드시고 하나님의 형상대로 사람을 만드셨어. 하나님은 무엇보다 사람을 지으시고는 아주 많이 기뻐하셨대.

　　　　　　　(이)를 만드셔서 아빠, 엄마에게 보내 주신 분도 하나님이야. 하나님은 　　　　　　(이)를 아주 많이 사랑하시고 예뻐하신단다.

　　　　　　　(이)가 좀 더 자라면 아빠랑, 엄마랑 손잡고 하나님이 만드신 멋진 작품들을 구경하러 나가자. 하나님은 불가능한 일이 없으시고, 죽은 사람도 살리시는 대단한 분이란다.

　　사랑한다. 　　　　　　(아)야!

2

두려움을 주께 드리고

참 평안을 누리게 하소서

복의 근원 강림하사(찬송가 28장) | 하나님의 약속(여호와는 너에게 복을 주시기를 원하며)

네 아버지의 하나님께로 말미암나니 그가 너를 도우실 것이요 전능
자로 말미암나니 그가 네게 복을 주실 것이라 위로 하늘의 복과 아래
로 깊은 샘의 복과 젖먹이는 복과 태의 복이리로다 창 49:25

✎ 젖 먹이는 복을 내려 주신 하나님! 우리는 연약하지만, 항상 전능
하신 하나님의 손안에 있음을 믿습니다. 젖 먹이는 복도 하나님께로
부터 내려온 축복임을 믿습니다. 이 모든 것에 감사합니다.

자녀가 세상에 나온 것을 축복하고 환영하는 부모의 마음을 아이
가 깨닫고 기뻐하게 하소서. 자라면서 인생이 자기 것도, 부모의 것
도 아닌 하나님의 것임을 깨닫게 하소서. 출산 후 모든 것이 낯설고

당황스럽지만, 아이가 원할 때마다 많은 항체가 포함된 초유를 수유할 수 있도록 도와주소서. 초유는 아이의 태변을 쉽게 방출하게 돕는다고 하니 초유 수유를 하는 동안 유두에 통증이나 상처가 생기지 않게 하소서. 아이가 자라면서 모유 수유가 원활하게 이뤄지도록 도와주소서. 하나님께서 아이를 창조하신 계획대로 황달이 자연스럽게 사라지게 하소서.

출산에 따른 엄마 아빠의 걱정과 두려움을 주님께 드리게 하시고 참 평안을 누리게 하소서. 아이의 울음에 지혜롭게 잘 대처하게 하소서. 아이의 잦은 울음에도 귀찮아하거나 무시하지 않게 하소서. 아이 또한 엄마 뱃속을 떠나 세상의 낯선 환경과 상황에서 당황하거나 놀라지 않도록 도와주소서.

예수님의 이름으로 기도합니다. 아멘!

하나님이
먹지 말라시면
먹으면 안 돼

: 아담과 하와 이야기(창 2:4-3:24)

복된 아가 　　　　　(아)야! 하나님은 아담을 직접 흙으로 지으신 후에 코에 '후!' 하고 생기를 불어넣으셨어. 그러자 아담은 생령이 되었단다. 아담은 우리 아가 　　　　　(이)처럼 엄마 뱃속에서 세상으로 나온 것이 아니라 처음부터 어른으로 창조되었어.

아담이 혼자 외로워하자 하나님은 하와를 만들어 그의 곁에 보내주셨어. 하와는 어떻게 만드셨을까? 놀라지 말고 잘 들어 봐. 아담의 갈비뼈 중 하나로 하와를 만드셨어. 아담과 하와는 에덴동산에서 행복하게 지냈어.

하나님은 아담과 하와에게 에덴동산에 있는 모든 과실은 먹어도 되지만, 동산 중앙에 있는 선악과만큼은 절대 먹지 말고 만지지도 말라고 하셨어. 그걸 먹는 날에는 반드시 죽는다고 하셨어. 그런데 어느 날, 악한 뱀이 하와를 거짓말로 유혹했어.

"하와야, 선악과를 먹어도 절대로 죽지 않아. 먹는 날에는 눈이 밝아져 하나님과 같이 된단다."

하와가 보기에도 그 나무 열매는 먹음직했고 탐스러웠어. '먹을까, 먹지 말까?' 고민하던 하와는 뱀의 꼬임에 넘어가고 말았어. 열매를 한 입 베어 먹은 거야. 그러더니 하와는 그 열매를 아담도 먹게 했어. 아담과 하와는 어떻게 됐을까? 하나님 말씀에 불순종한 둘은 결국 에덴동산에서 쫓겨났단다.

하나님은 말씀에 순종하는 자에게는 약속하신 땅을 주시지만, 불순종하는 자에게는 진노를 내리신단다.   (이)는 하나님 말씀에 순종하는 아이로 자라나길 기도할게.

사랑한다.   (아)야!

3

여호와의 목소리를

청종하게 하소서

예수 따라가며(찬송가 449장) | 선하신 목자

> 사무엘이 이르되 여호와께서 번제와 다른 제사를 그의 목소리를 청종
> 하는 것을 좋아하심 같이 좋아하시겠나이까 순종이 제사보다 낫고 듣
> 는 것이 숫양의 기름보다 나으니 삼상 15:22

✎ 당신의 목소리에 온전히 청종하고 순종하기를 기뻐하시는 하
나님! 선하신 주님께서 우리에게 모든 것을 주셨음을 믿고 감사합
니다.

아이가 소리 나는 방향으로 고개를 돌립니다. 아이의 청력을 완
전히 발달하게 해 주셔서 감사합니다. 아이가 세상의 유혹과 온갖
시끄러운 소리보다 하나님의 말씀에 귀기울이며 순종하는 아이로

자라게 하소서. 날마다 하나님과 독대하여 말씀을 경청하게 하시고, 오직 하나님으로만 충만해지는 은혜를 더하여 주소서.

신생아의 호흡은 불규칙하여 약 5~15초간 숨을 멈추는 주기적 호흡이 나타납니다. 그러나 아이에게 그런 증상이 있더라도 불안하지 않도록 저희 마음을 평안으로 씌워 주소서. 배변과 소변 횟수에 조바심 내지 않고 아이를 지으신 하나님을 향한 믿음으로 기뻐하게 하소서. 눈의 근육이 불균형하여 신생아 때 잠시 가성사시가 나타날 수 있다고 합니다. 3~4개월 이후에는 정상으로 돌아오게 하소서.

하나님께서 친히 아이 안에 충만히 임하여 주소서. 마음의 왕좌에서 나 대신 주님을 왕으로 삼는 아이가 되게 하소서. 아이의 삶의 주인은 하나님이십니다. 하나님께서 하시는 일에 아이의 시선이 머물게 하소서. 하나님의 음성을 청종하며 온전한 순종으로 반응하는 아이로 자라게 하소서.

지금부터 영원토록 주님이 아이 안에, 아이가 주님 안에 거하는 삶을 살게 하소서.

예수님의 이름으로 기도합니다. 아멘!

하나님이
기쁘게 받으실
예배를 드리자

: 가인과 아벨 이야기(창 4:1-6)

복된 아가   (아)야! 오늘은 어떤 성경 이야기를 들려줄까? '샥! 샥! 샥!' 이것은 가인이 낫으로 풀 베는 소리야. '메에에에' 이것은 아벨이 키우는 양 울음소리란다.

하나님 말씀에 불순종해서 에덴동산에서 쫓겨난 아담과 하와는 가인과 아벨 두 형제를 낳고 길렀어. 가인의 직업은 농부였고, 아벨은 양 치는 목자였어.

어느 날, 가인과 아벨이 하나님께 제사를 드렸어. 하나님께 준비한 예물이 뭔지 궁금하지? 가인은 땅에서 나는 곡식을 드렸고, 아벨은 양의 첫 새끼와 기름을 드렸어. 그런데 하나님이 아벨의 예물은 받으시고 가인의 예물은 받지 않으셨단다. 아벨은 가인보다 더 나은 믿음의 제사를 하나님께 드렸던 거야. 그래서 아벨은 의로운 자라는 증거를 얻게 되었어.

하나님은 신령과 진정으로 예배드리는 자를 기뻐하신단다. 우리도 하나님이 기쁘게 받으실 예배를 드리며 살아가자. 늘 예배를 사모하고 하나님을 사랑하는 우리　　　　　(이)가 되길 기도할게.

사랑한다.　　　　　(아)야!

KEY
POINT

아이의 능력과
행동 특징

- 신생아는 밤 낮 구분 없이 많이 자는 시기예요. 하지만 아기 뇌에서 밤과 낮을 구별할 수 있도록 도와주세요. 규칙적으로 먹고 놀고 자게 하는 것이 도움이 돼요.

- 출생 직후 아이의 배를 엄마의 배 위에, 아이의 머리를 엄마의 가슴 근처에 오도록 안고 부드럽게 쓰다듬어 주세요. 아이가 엄마의 심장 소리를 듣고 안정감을 찾을 수 있어요.

- 아이는 부모의 목소리를 알아들어요. 아이를 바라보면서 이름을 불러 주세요.

- 세상으로 나온 걸 축복하고 환영한다고 부드럽게 말해 주세요.

- 출산하자마자 모유 수유를 하면 이후에도 좀 더 쉽게 수유할 수 있어요.

- 아이가 원할 때마다 많은 항체가 포함된 초유를 수유할 수 있도록 간호사에게 부탁하세요.

- 초유는 태변을 쉽게 방출하도록 도와줘요. 초유 수유를 잊지 마세요.

- 아이의 피부는 희고 끈적거리는 분비물로 덮여 있어요. 이 분비물은 아이가 뱃속에 있을 때 아이 피부를 감싸 보호해 주었고, 출산 때 쉽게 모체 밖으로 나올 수 있도록 도왔어요. 일부러 떼거나 벗기지 않도록 하세요.

- 아이의 등과 귀, 이마에 털이 많이 나 있지만 몇 주 후엔 사라질 거예요.

- 아이의 청각은 뱃속에서부터 잘 발달되었기 때문에 태어난 후에는 소리 나는 방향으로 고개를 돌리기도 해요. 그래서 아이가 소리에 반응이 없으면 청력선별검사를 실시해야 해요. 청력은 언어 발달과 사회성 발달에 아주 밀접한 관계가 있으니 유심히 지켜봐 주세요.

- 아이는 모유 냄새를 구분 할 수 있을 정도로 후각이 잘 발달되어 있어요. 그래서 엄마가 가까이 있다는 것을 모유 냄새를 통해 알아차릴 수 있어요.

- 처음에 아이는 한쪽 눈을 뜨는 것도 힘들어하지만 생후 1~2일이 지나면 양쪽 다 뜰 수 있게 돼요.

- 신생아는 눈의 근육이 불균형하여 시선이 불안정해 사시처럼 보이기도 해요. 이것을 가성

사시라고 해요. 생후 3~4개월 이후에는 대부분 정상으로 돌아오니 안심하세요.

• 신생아는 생후 3~4일이 되면 몸무게가 출생 당시 체중의 약 5~10퍼센트(약 200~300그램)정 도 줄어들기도 하는데, 이것은 생리적 체중감소라고 해요. 아주 정상적인 현상이니 걱정하 지 마세요. 잘 먹으면 다시 증가해 생후 7~10일경에는 출생 당시의 몸무게로 돌아와요.

• 생후 3~4일경에는 땀샘이나 피지선이 발달하면서 땀띠나 볼에 여드름이 나기도 해요. 그 렇더라도 피부에 자극을 주어선 안 돼요.

• 1주일 정도 지나면 피부 표면이 건조해지고 표피 탈락에 의한 비듬이 생길 수 있어요. 그 렇지만 며칠 지나면 자연히 나아요. 심할 경우엔 아기용 피부 오일을 솜에 적셔서 닦아 주 세요.

• 공기를 삼킨 아이가 트림을 통해 공기를 토해 내곤 해요. 트림은 소화와 관련된 반사작용 인데, 이때 우유가 조금 흘러나오기도 해요. 트림은 모유보다는 분유를 먹는 경우에 더 많 이 해요.

• 신생아 황달은 보통 생후 2~3일경에 나타나요. 얼굴부터 나타나며 복부, 발 쪽으로 진행돼 요. 2~4일에 최고치에 이르고 5~7일경엔 사라지니 너무 걱정 마세요.

• 주로 엉덩이에 나타나는 몽고반점은 4~5세경부터 없어지기 시작하여 13세경에 대부분 없어지지만 계속 남아 있는 경우도 있어요.

• 생후 7일 동안 아이의 호흡은 불규칙하며 약 5~15초간 호흡을 멈추는 주기적 호흡의 형태 가 나타나요.

• 배변 횟수는 0~7회 정도로 다양하며 소변은 수분 섭취량에 따라 하루 10회 이상 보기도 해요.

• 신생아의 울음은 엄마에게 자신의 상태를 설명하는 언어에요. 아이가 우는 이유는 여러 가 지가 있어요. 요즘은 초보 부모들을 위한 '아이 울음 분석기' 어플도 있지만, 부모가 아이에 게 얼마나 관심을 쏟고 지켜보느냐가 더 중요해요. 너무 조급해 할 필요 없어요. 시간이 지

나면 척하면 척! 아이의 울음소리만 들어도 필요한 것을 채워 줄 수 있게 될 거예요.

- 촉각은 출생 이전부터 발달되어 있으며 특히 입 주변, 손바닥, 발바닥이 민감해요.

- 아이는 자신의 몸 쪽으로 움직이는 물체를 식별해 낼 수 있어요. 눈앞에 다가오는 물체를 피하려는 반응을 보이기도 해요.

- 식초나 암모니아와 같은 자극이 강한 냄새에 반응하는데, 생후 1주경에는 엄마의 모유 냄새나 체취를 구분하여 선호하게 돼요.

- 고통에 대한 감각은 생후 3~4일이 지나면 급속하게 증가해요. 하체보다 머리 부분 감각이 더욱 민감해요.

- 아이의 귀지는 자연스럽게 떨어져 나오니 크게 신경 쓰지 않아도 돼요. 귓바퀴쪽에 떨어져 나온 귀지는 가제 수건 등으로 부드럽게 닦아 주세요. 단, 면봉 사용은 절대 금지예요. 너무 위험해요.

2장

생후 2주

(8~14일)

건강하게
하소서

끝으로 너희가 주 안에서와 그 힘의 능력으로 강건하여
지고 엡 6:10

♥ 복된 아가 ＿＿＿＿＿＿＿＿(아)야! 사랑스런 너를 안고 너의 두 눈을 바라보며 하나님께 감사드리는 하루하루가 무척 행복하단다. 무엇보다 하나님이 너를 건강하게 지켜 주시고 때에 맞게 잘 자라게 도와주셔서 감사하단다. 너의 호흡을 매 순간 지켜 주신 하나님께서 네 속을 주의 영으로 채워 주시길 기도할게. 언제나 하나님의 말씀에 순종하며 신실하신 그분의 약속을 붙들며 살아가자.

4

아이가 다치는 일 없게
지켜 주소서

빈 들에 마른 풀같이(찬송가 183장) | 오직 주의 사랑에 매여

어두울 때 퍼지는 전염병과 밝을 때 닥쳐오는 재앙을 두려워하지 아
니하리로다 시 91:6

✎ 지금도 여전히 아이를 붙들고 지키시는 하나님! 이 연약한 아이
를 크신 사랑으로 지키고 보호하시는 하나님께 감사합니다.

아이가 아직 어리기 때문에 머리를 가누지 못합니다. 부모가 손
으로 받쳐 주어야 하지만 아직 미숙하여 많은 상황에 당황하기도 합
니다. 하나님의 강하신 오른손으로 아이의 머리를 받쳐 주셔서 연약
한 아이의 신체가 다치는 일이 없게 지켜 주소서.

태줄이 생후 3~10일경에 자연스럽게 떨어지게 하시고, 태줄이 떨어진 자리에는 세균 감염이 되지 않도록 보호하여 주소서. 우리의 연약한 것을 친히 담당하시고 병을 짊어지셨다 하신 말씀을 믿습니다(마 8:17). 영원하신 하나님이 아이의 처소가 되시며 당신의 영원하신 팔이 아이의 아래에 있음을 믿고 감사합니다. 아이가 키와 몸이 자라면서 오직 주님 안에서 믿음이 더 자라고 소망이 더 강해지며 사랑이 더욱 더 뜨거워지게 하소서. 기쁨으로 하나님께 나아가게 하소서.

예수님의 이름으로 기도합니다. 아멘!

하나님께
순종하면
홍수도 피할 수 있단다

: 노아 이야기(창 5:29-6:22)

복된 아가 ▨▨▨▨▨(아)야! 옛날에 노아가 살았어. 그는 하나님 말씀에 순종을 잘하는 사람이었단다. 하루는 죄악으로 물든 이 땅을 보고 화가 나신 하나님이 노아에게 말씀하셨어.

"내가 홍수를 일으킬 것이다. 그러면 생명이 있는 모든 것이 죽을 것이다. 그러나 노아야, 내가 너와는 약속하겠다. 방주를 만들어 너의 가족과 함께, 모든 생물도 암수 한 쌍씩 방주로 이끌어 생명을 보존하렴."

노아는 산 위에서 배를 만들라는 하나님 말씀에 즉시 순종했단다. 하나님은 배를 만드는 방법을 아주 상세하게 알려 주시고 필요한 지혜를 주셨어. 노아는 하나님이 가르쳐 주신 자세한 순서와 치수대로 배를 정성껏 만들었어. '뚝딱, 뚝딱, 뚝딱!' 배를 만드는 데 얼마나 걸렸을까? 놀라지 마. 무려 120년 동안이나 배를 만들었어.

배가 완성되자 노아는 아내와 아들들, 며느리들과 함께 홍수를 피해서 배 안으로 들어갔어. 물론 하나님이 명령하신 대로 순종하여 정결한 짐승과 공중의 새는 암수 일곱씩, 부정한 짐승은 암수 둘씩을 배에 태웠어.

7일 후에 하나님이 말씀하신 대로 홍수가 시작됐어. 밤낮으로 40일 동안 땅에 비가 쏟아졌단다. 땅에 있던 모든 생물이 다 죽었어. 새와 가축과 들짐승과 땅에 기는 모든 것과 사람들까지. 하나님 말씀에 순종했던 노아와 그 가족들, 그리고 배에 탄 생물들만 살아남았어.

노아의 믿음이 정말 대단하지? 아직 눈에 보이지도 않던 하나님의 경고를 믿었잖아. 그만큼 노아는 하나님을 경외했어. 그의 믿음은 가족 모두를 구원했고, 이 일 덕분에 그는 의의 상속자가 되었단다.

하나님은 말씀에 순종하면 그는 물론 그의 온 가족을 홍수에서 구해 주신단다. 하나님 말씀에 순종하며 살아가는 _____(이)가 되길 기도할게. 사랑한다. _____(아)야!

5

건강한 호흡을
주소서

만세 반석 열리니(찬송가 494장) | 나를 향한 주의 사랑

하늘을 창조하여 펴시고 땅과 그 소산을 내시며 땅 위의 백성에게 호
흡을 주시며 땅에 행하는 자에게 영을 주시는 하나님 여호와께서 이
같이 말씀하시되 사 42:5

천지를 창조하시고 땅에 그 소산을 내시는 하나님! 아이에게 생
명과 호흡을 주시고 주의 영을 주심에 감사합니다.

젖을 먹으며 엄마의 얼굴을 가장 잘 응시할 수 있는 시력으로 자
라게 해 주셔서 감사합니다. 젖을 먹는 아이의 시선을 언제나 사랑
의 눈길로 바라보며 하나님 사랑을 얘기하게 도와주소서. 아이의 손
발톱을 잘 살펴서 길어진 손발톱 때문에 아이 몸에 상처가 생기지

않도록 도와주소서.

하나님은 목자같이 양 떼를 먹이시며 어린 양을 그 팔로 모아 품에 안으시며 젖먹이는 암컷들을 온순히 인도하시는 분이라는 약속을 믿고 의지합니다(사 40:11). 어떤 상황에서도 산모와 아이의 영육이 평안하게 하소서. 거룩하고 온전하신 주님의 사랑을 기억하게 하소서.

아이가 오직 하나님 안에서만 뿌리를 깊게 내리게 하소서. 주의 영원하신 사랑과 선하심을 묵상하는 아이로 자라게 하소서.

예수님의 이름으로 기도합니다. 아멘!

무지개는
하나님의 아주 멋진
약속의 선물이야

: 하나님의 약속 이야기(창 8:1-9:17)

복된 아가 ＿＿＿＿(아)야! 노아가 배에 들어가 생활한 지 40일 이 지났단다. 밖은 홍수 때문에 온통 바다 같았지. 노아는 땅을 찾기 위해 배에 낸 창문을 열고 까마귀와 비둘기를 내보내 봤지만 새들은 아무 것도 못 찾고 다시 배로 돌아왔어.

노아는 7일 후에 또 다시 비둘기를 보냈어. 저녁 무렵에 비둘기 가 입에 감람나무 새 잎사귀를 물고 왔어. 7일을 더 기다려 비둘기 를 또 보냈더니 이번에는 비둘기가 다시 돌아오지 않았어. 어딘가

물이 걷히고 땅이 드러나 그곳에 머무느라 비둘기가 돌아오지 않는다는 것을 알았어.

하나님은 노아의 배를 땅에 정박하도록 해 주셨어. 그리고 노아와 그 가족들, 모든 생물에게 배 밖으로 나오라고 하셨어. 노아가 배 밖으로 나오자마자 가장 먼저 한 일이 뭐였을까? 하나님께 제단을 쌓고 제물을 취하여 감사 예배를 드렸단다. 노아의 예배를 받으신 하나님이 약속하셨어.

"다시는 이번처럼 땅을 저주하지 않겠다."

그리고 하늘에 무지개를 띄워 보여 주셨어. 빨강, 주황, 노랑, 초록, 파랑, 남색, 보라, 고운 빛깔의 무지개는 하나님이 노아에게 하신 약속의 선물이야.

우리   (이)에게도 하나님이 멋진 선물을 주셨어. 뭘까? 그건 바로 아빠, 엄마의 사랑이야. 이 선물은 눈으로 볼 순 없지만, 마음으로 느낄 수 있는 아주 귀한 선물이란다.

사랑한다.   (아)야!

6

먹이고 재울 때
지치지 않게 해 주소서

큰 영화로우신 주(찬송가 35장) | 모든 상황 속에서

네가 만일 내가 명령한 모든 일에 순종하고 내 길로 행하며 내 눈에 합
당한 일을 하며 내 종 다윗이 행함 같이 내 율례와 명령을 지키면 내가
너와 함께 있어 내가 다윗을 위하여 세운 것 같이 너를 위하여 견고한
집을 세우고 이스라엘을 네게 주리라 왕상 11:38

순종하는 자를 축복하시는 하나님! 아이가 잠을 자거나 깨어 있
는 모든 순간에 함께하시는 하나님께 감사합니다.

아이를 먹이고 재울 때 아이와 행복하게 교감할 수 있도록 부모
가 피곤에 지치지 않게 도와주소서. 아이가 밤에 자주 잠에서 깨어
울더라도 아이를 주신 하나님께 감사하는 마음으로 아이를 바라보
게 하소서.

특히 아이 때문에 집밖으로 나가지 못하는 날이 많습니다. 그런 상황에도 우울감이 생기지 않게 하소서. 혹시 우울한 마음이 일어날 때에는 아이를 보내신 하나님께 감사하는 마음으로 바꿔 주소서.

아이가 하나님을 향해 열린 마음을 갖게 하소서. 성인이 되어도 어린아이처럼 하나님 나라를 사모하고 받드는 순전한 믿음을 갖도록 도와주소서.

예수님의 이름으로 기도합니다. 아멘!

욕심부리지 않는
사람을
축복하신단다

: 아브라함과 롯 이야기(창 12:1-13:18)

복된 아가 _____(아)야! 아브라함은 하나님 앞에서 그 마음이 충성된 자였단다. 하나님이 아브라함의 충성됨을 보시고 언약을 세우시고 수많은 땅을 그의 자손들에게 주겠다고 약속하셨어.

아브라함은 아직 아버지와 함께 살고 있었는데, 하나님은 그에게 '아버지의 곁을 떠나라' 하셨어. 그는 가야할 곳이 어딘지 몰랐지만 하나님 말씀에 순종하여 나아갔단다. 조카 롯도 함께였지.

둘은 목축업을 하면서 살았어. 그런데 어느 날, 아브라함의 종들과 롯의 종들이 다투는 바람에 둘은 서로 갈라지게 되었단다. 이때 아브라함은 롯에게 좋은 목초지를 먼저 선택하라고 양보했어.

"네가 오른쪽 땅으로 가겠다고 하면 나는 왼쪽으로 갈 것이고, 네가 왼쪽을 선택하면 나는 오른쪽을 선택하겠다."

어때? 아주 마음씨가 착하지? 이렇게 양보하는 마음은 참 아름답단다.

결국 롯은 보기에 아주 훌륭한 요단의 비옥한 땅을 선택했어. 대신 아브라함은 헤브론을 선택했어. 롯이 아브라함을 떠난 후에 하나님이 말씀하셨어.

"눈을 들어 동서남북 땅을 바라보아라. 보이는 땅을 너와 네 자손에게 줄 것이다. 너희는 그 땅에서 영원히 머물 것이다. 네 자손이 땅의 먼지처럼 많아질 것이다."

아브라함은 좋은 목초지를 조카 롯에게 양보했지만 하나님께 더 큰 축복을 받았어. 거처를 옮겨 헤브론에 있는 마므레 상수리 수풀에 도착한 아브라함은 하나님을 위하여 제단을 쌓고 예배를 드렸단다.

아브라함처럼 욕심을 부리지 않는 사람을 하나님은 더 축복하신단다. 더 좋은 것을 더 많이 가지려고 욕심내면 결국에는 다 빼앗기고 만단다. 손에 많은 것을 움켜쥐려고 하지 말고 베풀고 살자.

사랑한다.   (아)야!

KEY
POINT

아이의 능력과
행동 특징

- 생후 10일 정도 지나면 움직이는 물체를 눈으로 추적해요. 특히 모유(분유)를 먹으며 엄마의 얼굴을 가장 잘 응시할 수 있는 거리인 20센티미터 정도 떨어진 물체를 잘 볼 수 있어요. 빛의 파장에 따른 차이를 식별하고 일부 색깔은 구분하기도 하지만 완전한 색의 변별은 생후 4개월 이후에야 가능해요. 그러니 아이의 시각에 대해 너무 조급해하지 마세요.

- 생후 10일이 지나면 목욕을 시킨 후 아기용 손톱깎이로 손발톱을 잘라 줘야 해요. 아이의 손발톱은 얇아서 조금만 길어도 날카로워지므로 아이 스스로 몸에 상처를 낼 수 있어요. 일자로 자르는 것이 가장 안전해요. 너무 짧게 깎지 않도록 주의하고, 깎은 후에는 로션을 발라서 부드럽게 해 주세요.

- 아직 아이는 머리를 전혀 가누지 못해요. 안아 올릴 때는 머리를 손으로 받쳐 주어야 해요. 안 그러면 머리가 앞뒤로 떨어져요.

- 생후 2주가 되면 탯줄은 말라서 자연스럽게 떨어져요. 탯줄이 떨어지기 전까지는 감염되지 않도록 잘 관리해 줘야 해요. 탯줄을 건조하게 유지하는 것이 좋아요. 탯줄이 떨어진 자리에는 세균이 감염될 수 있으니 소독약을 발라 주어야 해요.

3장

생후 3주

(15~21일)

흠 없고
정한 마음을
주소서

내가 그들에게 한 마음을 주고 그 속에 새 영을 주며 그
몸에서 돌 같은 마음을 제거하고 살처럼 부드러운 마음
을 주어 겔 11:19

♥ _____(아)야! 너는 하나님의 형상으로 지어진 복된 아이란다. 하나님의 거룩하심과 온전하심을 닮아 가는 _____(이)가 되기를 기도해. 엄마 뱃속에서 나와 아직은 이곳이 낯설겠지만 너를 사랑하시는 하나님, 그리고 너를 오래 기다려 온 우리와 행복하게 살자꾸나. 하나님이 네 속에 정직한 영을 허락하시고 부드러운 마음 주시기를 기도할게. 하나님 앞에서 흠도 티도 없는 깨끗하고 순결한 마음으로 살아가길 바란다.

7

아이의 울음을
분별하는 지혜를 주소서

예수는 나의 힘이요(찬송가 93장) | 하늘 위에 주님밖에

내가 예루살렘을 즐거워하며 나의 백성을 기뻐하리니 우는 소리와 부
르짖는 소리가 그 가운데에서 다시는 들리지 아니할 것이며 사 65:19

🖋 아이의 있는 그대로를 사랑하시는 하나님! 아이가 키와 몸이 자
라도록 지키고 보호하시는 하나님께 감사합니다.

하나님께서 예루살렘을 즐거워하며 주의 백성을 기뻐하셨듯이
아이를 즐거워하고 기뻐하소서. 아이는 배가 고플 때, 목이 마를 때,
소화가 안 될 때, 피곤할 때, 기저귀가 축축할 때, 몸에 열이 날 때 울
지만, 아무 이유 없이 우는 경우도 있다고 합니다. 부모로서 그 울음

을 지혜롭게 잘 분별하도록 도와주소서. 또 아이가 맛의 차이에 잘 반응하도록 짠맛, 쓴맛, 단맛, 신맛을 구별하는 혀의 기능이 잘 발달하게 하소서.

아이의 평생을 하나님께서 동행해 주시고, 아이도 하나님만 의지하게 하소서. 아이의 유일한 소망은 한평생 주님만을 사랑하는 것과 주님만을 닮아 가는 것이게 하소서. 매순간 아이의 입으로 하나님을 사랑한다고 고백하게 하소서. 온 마음으로 주님께 순종하게 하소서. 드려지는 삶을 소망하며 살게 하소서.

예수님의 이름으로 기도합니다. 아멘!

아가야, 네가 하나님을 만나길 기도해

: 야곱 이야기(창 25:26-32:32)

복된 아가   (아)야!   (이)의 이름의 뜻은 뭘까?
      (이)의 이름은   (라)는 뜻이야.

오늘은 야곱의 이야기를 들려줄게. 야곱의 이름 뜻이 뭔지 궁금하지? 야곱은 쌍둥이 형 에서의 발뒤꿈치를 잡고 세상에 태어났대. 그래서 그 이름에는 '발뒤꿈치를 잡다, 거짓말쟁이'라는 뜻이 있어.

에서는 대범했지만 영적으로는 무관심한 사람이었어. 그래서 동생 야곱의 꾀에 넘어가 장자의 명분을 빼앗기고 말았어. 그 당시에는 아버지가 아들들을 축복해 주곤 했는데, 야곱은 이번에도 아버지 이삭을 속여서 에서가 받을 장자의 축복을 가로챘어. 이 일로 야곱은 에서를 피해서 도망가야만 했어.

야곱이 하란으로 도피하던 중에 벧엘에서 꿈을 꿨어. 드디어 하나님을 만난 거야. 꿈에는 하늘에 뻗친 사다리에 하나님의 사자들이 오르락내리락하고 있었어. 하나님은 그 꿈에서 "야곱아, 네가 어디로 가든지 너를 지켜 주겠다. 언젠가 너를 이끌어 이 땅으로 돌아오게 하겠다. 내가 너를 떠나지 않겠다"라고 약속하셨어.

그 후로 야곱은 편한 삶을 살았냐고? 아니, 전혀 그렇지 않아. 남들을 속인 만큼 야곱도 속아야 했어. 하나님의 약속을 잊어버릴 정도였어. 그렇지만 하나님은 약속을 잊지 않고 20년 만에 야곱을 고향으로 돌아오게 하셨어. 야곱은 고향으로 돌아가는 길 얍복 강가에서 또 하나님을 만났고, 이곳에서 야곱은 새로운 사람으로 변화되었어.

        (이)도 앞으로 자라면서 하나님을 만나고 새로운 사람으로 변화되는 기회가 있을 거야. 언제나 부족하고 연약한   (이)를 축복하시고 믿음으로 새롭게 살아가게 하시는 하나님을 날마다 만나길 기도할게.

사랑한다.   (아)야!

8

부드러운 마음을

허락하여 주소서

전능왕 오셔서(찬송가 10장) | 주님 마음 내게 주소서

또 새 영을 너희 속에 두고 새 마음을 너희에게 주되 너희 육신에서 굳은 마음을 제거하고 부드러운 마음을 줄 것이며 겔 36:26

✎ 날마다 새 영과 새 마음을 주시는 하나님! 아이 속에 새 영을 두시고 날마다 새 마음을 주신다고 약속하신 하나님께 감사합니다.

아이와 신체적으로 접촉할 때 부드러운 손길과 하나님이 주신 사랑을 듬뿍 담아 안고 만지게 하소서. 우리의 손이 닿을 때마다 아이가 부모의 사랑뿐 아니라 하나님의 크신 사랑도 깨닫게 하소서. 밤잠이 부족하여 우리가 다소 지쳐 있을지라도 하나님 안에서 부족함

없는 따스한 사랑과 다정함으로 대하게 하소서.

아이에게 은혜와 지혜를 주셔서 주님을 가장 기쁘게 하실 만한 행동을 하게 하소서. 주님이 사랑하시는 것을 아이가 사랑하게 하시고, 주님이 미워하는 것을 아이가 미워하게 하소서. 오직 주님 마음과 주님 뜻이 무엇인지 분별하며 살아가는 하나님의 자녀로 자라게 하소서.

예수님의 이름으로 기도합니다. 아멘!

이웃과
사이좋게 지내기를
원하신단다

: 라반 이야기(창 29:4-5)

복된 아가 ＿＿＿＿＿(아)야! 세상에는 너그러운 부자와 탐욕스러운 부자가 있단다. 오늘은 탐욕스러운 부자 라반의 이야기를 들려줄게.

라반은 야곱의 외삼촌이었어. 하란에서 살았고 활동적이며 재산을 모으는 데 급급하고 욕심이 많은 사람이었어. 고향에서 떠나 온 조카 야곱이 20년간 라반의 집에서 품꾼으로 일했지만, 약속을 열 번이나 어기고 품삯을 주지 않을 정도였지. 그는 하나님을 섬기지 않고 우상을 섬기는 큰 죄를 지을 정도로 아주 나쁜 사람이었어.

어느 날 한밤중에 야곱이 자기 가족들과 함께 모든 재산을 가지고 라반의 집에서 탈출했어! 라반과 그 아들들이 야곱의 재산이 점점 늘어나는 것을 보고 심한 질투를 했기 때문이야. 라반은 자기 조카가 성공하여 재산이 늘어나는 것을 용납할 수 없을 만큼 아주 이기적이고 탐욕스러운 욕심쟁이였지.

야곱이 도주한 것을 알게 된 라반은 서둘러 그를 추격했어. 그런데 그때 하나님이 라반에게 나타나셨어. 그리고 야곱을 헤치지 말라고 경고하셨어. 20년 전 야곱이 고향을 떠날 때 "네가 어디로 가든지 너를 지켜 주겠다" 하신 약속을 지키신 거야.

하나님은 우리가 하나님을 섬기고 이웃을 사랑하기를 원하신단다. 이웃과 사이좋게 지내면서 베풀고 섬기면서 살기를 원하신단다. _____(이)가 많은 축복을 받고 부자가 되고도 가난한 사람을 모르는 척 무시하는 행동을 하면 하나님은 싫어하신단다. 하나님께 받은 복을 나누면서 살자.

사랑한다. _____(아)야!

9

날마다 아름다운 꿈을
꾸게 하소서

은혜가 풍성한 하나님은(찬송가 197장) | 하나님 아버지의 마음

> 그러므로 여호와께서 내 의대로, 그의 눈앞에서 내 깨끗한 대로 내게
> 갚으셨도다 삼하 22:25

✎ 우리를 지키고 감찰하시는 하나님! 우리 가정을 구원하여 주시고
지금도 보호하시는 하나님께 감사합니다.

아이가 보고 듣는 것으로 심하게 놀라거나 울음을 터뜨리는 일이
없도록 아이의 마음을 평안으로 인도하여 주소서. 아이의 삶 가운데
늘 동행하여 주시는 하나님의 도우심으로 평안하고 안정된 하루하
루를 보내게 도와주소서.

아이는 아직 색깔 구별은 완전하지 않지만 명암의 구별이 가능합니다. 아이의 시력이 점점 발달하여 온전해질수록 하나님 말씀을 읽게 하소서. 말씀을 대하는 시간을 즐거워하는 아이로 자라게 도와주소서. 엄마의 목소리를 확실하게 구별하는 시기에 엄마가 읽어 주는 하나님의 말씀을 귀기울여 듣고 즉시 순종하는 아이가 되게 하소서.

깨끗하고 흠도 티도 없는 정한 마음으로 살아가게 하소서. 아이 평생이 날마다 깨끗한 영으로 새롭게 되는 은혜가 있게 하여 주소서. 아이가 날마다 아름다운 꿈들을 꾸게 도와주소서. 아이를 영원히 보호해 주소서.

예수님의 이름으로 기도합니다. 아멘!

시련이 오더라도 하나님의 도우심을 믿으렴

: 요셉 이야기(창 37-50장)

복된 아가 ⬚⬚⬚⬚⬚(아)야! 요셉은 믿음의 조상 야곱의 열한 번째 아들이야.

요셉의 성품은 온유하고 의로웠으며 아주 총명했어. 아버지 야곱도 요셉을 무척 사랑했단다. 하지만 그의 형제들은 유독 아버지의 사랑을 독차지하는 요셉을 늘 시기하고 질투했어. 하루는 요셉이 가족들 앞에서 꿈 이야기를 했는데, 열한 곡식단이 자기 단에게 절을 하고 해와 달과 별들이 자신에게 절한다는 내용이었어. 형들은 그

열한 곡식단이 자신들을 말하는 줄 알고 요셉을 더 미워했어.

악한 마귀가 형들의 마음속에 나쁜 생각을 집어넣으며 속삭였어.

'아버지의 사랑을 독차지하고, 기분 나쁜 꿈 이야기를 한 저 놈! 요셉을 죽여 버리자!'

그렇지만 형제 중 르우벤 만큼은 이 의견을 반대했어. 대신 요셉을 구덩이에 빠트려 버리기로 했어. 계획대로 요셉을 괴롭히고 있는데 마침 미디안 상인들이 지나갔고, 형제들은 그들에게 요셉을 은 20개를 받고 팔아 버렸어.

그 후로 요셉은 어떻게 되었을까? 요셉은 갖은 고생을 했어. 누명을 쓰고 감옥에 갇히기도 했지. 그러나 하나님은 어떤 순간에도 요셉을 떠나지 않고 보호해 주셨단다. 결국 요셉은 인생역전을 했어! 애굽의 총리가 된 거야.

세월이 흘러 흉년으로 힘들어하던 요셉의 형들이 곡식을 구하러 애굽에 왔어. 그리고 애굽 총리가 된 요셉의 앞에 섰어. 요셉은 너무 놀랐어. 과거 자기를 상인에게 팔아넘긴 형들을 만난 거야! 그렇지만 요셉은 형들에게 화내지 않았어. 오히려 이렇게 말했어.

"나를 보세요. 나는 당신들이 과거 미디안 상인에게 팔아넘긴 막냇동생입니다. 당신들은 나를 해하려고 했지만 하나님은 그것을 선으로 바꾸셨습니다. 오늘과 같이 흉년으로 힘들어하는 많은 백성의 생명을 구원하시려고 이 모든 일을 하셨나 봅니다."

살다 보면 이해되지 않는 일들과 시련이 계속되곤 한단다. 그런 순간을 요셉은 어떻게 견딜 수 있었을까? 그건 바로 선하신 하나님의 도우심을 믿고 인내할 수 있었어. 우리 _____ (이)도 하나님이 우리를 통해 이루시고자 하시는 선한 계획은 결국 완벽하게 성취된다는 사실을 믿자.

사랑한다. _____ (아)야!

KEY
POINT

아이의 능력과
행동 특징

- 모유는 분유보다 빨리 소화되므로 더 자주 먹이도록 해요.

- 아이가 우는 이유는 배가 고플 때, 목이 마를 때, 소화가 안 될 때, 피곤할 때, 기저귀가 축축할 때, 몸에 열이 날 때 등이 있지만 아무 이유 없이 우는 경우도 있어요.

- 아이와 신체적으로 접촉할 때 부드러운 손길로 만져 주세요. 손에 찬 느낌이 들지 않게, 따뜻하게 해 주세요. 사랑이 듬뿍 담긴 다정한 목소리로 대해 주세요.

- 아이의 눈앞에 큰 물체가 빠르게 다가오면 놀라서 머리를 뒤로 젖히고 울음을 터뜨릴 수 있어요. 조심해야 해요.

- 색깔 구별은 완전하지 않지만 명암 구별이 가능해요. 눈의 초점을 맞춰 주는 등 시각발달에 도움이 되는 흑백 모빌을 보며 놀게 해 주세요. 멜로디가 나는 모빌을 달아 주면 청각 발달에도 좋아요.

- 모빌은 20~30센티미터 거리가 적당해요.

- 생후 2~3주가 되면 엄마의 목소리를 확실하게 구별할 줄 알아요. 사랑이 담긴 이야기를 많이 들려주세요.

- 아이의 미각은 생후 3주가 지나면 발달하기 시작해서 단맛, 짠맛, 쓴맛을 구분할 수 있어요.

4장

생후 4주

(22~28일)

주님 앞에
있게 하소서

네가 네 하나님 여호와의 말씀을 청종하여 이 율법책에
기록된 그의 명령과 규례를 지키고 네 마음을 다하며 뜻
을 다하여 여호와 네 하나님께 돌아오면 네 하나님 여호
와께서 네 손으로 하는 모든 일과 네 몸의 소생과 네 가
축의 새끼와 네 토지 소산을 많게 하시고 네게 복을 주시
되 곧 여호와께서 네 조상들을 기뻐하신 것과 같이 너를
다시 기뻐하사 네게 복을 주시리라 신 30:9

♥ 복된 아가 _____(아)야! 하나님께서 네게 주실 많은 복을 감사함으로 누리며, 또 이웃들에게 흘려보내는 삶을 살길 기도해. 하나님은 하나님을 사랑하고 명령을 지키며 순종하는 자에게 복을 주신단다. 복의 근원이 되는 축복이 네게 임하길 기도할게. 발바닥부터 정수리까지 흠이 없는 하나님의 자녀로, 칭찬받는 자녀로, 쓰임 받는 자녀로 자라길 기도할게.

10

움켜쥐지 않고
베푸는 삶을 살게 하소서

내 주의 나라와(찬송가 208장) | 사랑합니다 나의 예수님

네 하나님 여호와께서 네게 주신 땅 어느 성읍에서든지 가난한 형제
가 너와 함께 거주하거든 그 가난한 형제에게 네 마음을 완악하게 하
지 말며 네 손을 움켜쥐지 말고 신 15:7

날마다 필요한 만나와 메추라기를 내려 주시는 하나님! 하나님께
서 우리에게 값없이 주신 구원의 은혜만으로도 감사가 넘치는데, 때
마다 일용할 양식으로 채워 주시니 더욱 감사합니다.

아이는 어느새 세상에 난 지 3주가 지났습니다. 점점 반사작용이
뚜렷해지고, 손바닥을 살짝만 건드려도 움켜쥐려고 합니다. 물론 이
런 동작은 세상을 알아 가는 탐구요 본능적인 반응입니다. 다만 아

이가 성장하면서 이 손으로 나누며 베풀게 하여 주소서. 나보다 남을 이해하고 배려하며, 가난한 이웃에게 시선을 돌릴 줄 아는 넓은 사랑의 손이 되게 도와주소서. 아이의 손이 굶주린 자들에게 일용할 양식을 베풀게 해 주소서. 하나님께서 아이에게 주신 많은 것들을 더 많은 사람에게 나눌 수 있는 사랑의 마음을 허락하여 주소서.

아이가 하나님을 꼭 붙잡고 살아가되, 가진 것을 움켜쥐지 않고 가난과 굶주림 속에서 죽어 가는 이 땅의 모든 사람들을 섬기고 베풀 수 있는 사람이 되게 하소서.

예수님의 이름으로 기도합니다. 아멘!

믿음으로 넉넉히
이길 수 있다는 사실을
잊지 마

: 모세 이야기(출 2:1-10)

복된 아가 _____ (아)야! 오늘은 모세 이야기를 들려줄게.

모세가 태어나던 시대는 유대인이 애굽이라는 아주 강한 나라에 노예로 붙잡혀 있던 때야. 당시 애굽 왕은 유대인 중 아들이 태어나면 모두 죽이라고 명령했단다. 그때 모세가 태어났어. 모세의 어머니 요게벳은 모세를 바구니에 담아 나일강에 흘려보냈단다.

그런데 바구니가 애굽 공주의 손에 들어가면서 모세는 궁중에서 자라게 됐어. 그곳에서 모세는 애굽의 학문과 문화를 익힐 수 있었지. 이 모든 일에 하나님의 놀라운 뜻과 계획하심이 있었단다.

하루는 모세가 유대인을 못살게 구는 애굽 병사를 죽이는 사건이 일어났어. 그 바람에 모세는 도망치듯 미디안 사막으로 떠났고, 그곳에서 40년 동안이나 혹독한 생활을 했지. 하지만 그 시간은 모세가 하나님과 더욱 가까워지는 영적 훈련의 시간이었어. 사실 이 모든 일은 하나님이 모세를 사용하시려고 계획하신 일들이야. 모세의 소명은 이스라엘 백성들을 애굽에서 탈출시키는 것이었어. 바로 '출애굽'이야.

모세는 바로 왕에게 가서 유대인들을 이제 그만 노예에서 풀어 달라고 요청했어. 하지만 바로는 모세의 말을 듣지 않았어. 하나님은 애굽 땅에 재앙을 내리셨고, 그 일로 아들을 잃은 바로는 모든 걸 다 포기하고 이스라엘 백성을 놓아 주기로 했어. 결국 유대인들은 가축과 금은보화를 가지고 애굽 땅에서 나올 수 있었어. 하나님은 이 일을 통해 하나님의 살아계심을 온 땅에 나타내셨단다.

모세는 40년 동안 광야 생활을 통해 많은 시련을 겪었지만 하나님만 바라보고 견뎠기 때문에 하나님이 맡기시는 일을 더 잘 감당할 수 있었단다. ＿＿＿＿＿(이)도 앞으로 어려운 일을 만날 수 있어. 하지만 하나님이 늘 함께하신다는 사실을 믿을 때 넉넉히 이길 수 있다는 사실을 잊지 마.

사랑한다. ＿＿＿＿＿(아)야!

11

하나님의 빛을
세상에 비추게 하소서

내가 매일 기쁘게(찬송가 191장) | 주만 바라볼지라

이는 세상에 있는 모든 것이 육신의 정욕과 안목의 정욕과 이생의 자
랑이니 다 아버지께로부터 온 것이 아니요 세상으로부터 온 것이라

요일 2:16

모든 인생을 통촉하시고 감찰하시는 하나님! 오늘도 하나님이 선
물로 보내신 이 아이를 건강하게 지켜 주셔서 두 눈으로 보고 입으
로 호흡할 줄 아는 아이로 자라게 하심을 감사합니다.

아이는 점차 시야가 넓어지면서 사물의 윤곽을 구별할 수 있을
정도가 되었습니다. 아직 30센티미터 정도 거리의 정면만을 똑바로
볼 수 있는 시력이기는 하나, 아이의 모든 성장과 발달이 하나님의

은혜임을 고백합니다.

아이가 더 자라나며 육신의 정욕과 안목의 정욕과 이생의 자랑을 위해 살지 않게 도와주소서. 아이가 마주하게 될 환경이 어떠하든지, 아이에게 요구하시는 하나님의 뜻이 무엇인지 날마다 묵상하며 그 뜻만 따라 살게 하소서. 하나님이 아닌 세상으로부터 오는 모든 욕심은 하나님 앞에 내려놓게 하소서. 날마다 하나님의 뜻을 알기 위해 애쓰게 하시고, 그 뜻을 따르고 순종하게 하소서.

늘 하나님 보기를 갈망하게 하소서. 하나님 안에서 고요하게 머물기를 사모하게 하소서. 하나님의 빛을 세상에 비추는 아이로 자라게 도와주소서.

예수님의 이름으로 기도합니다. 아멘!

실수하더라도
하나님 앞에
늘 깨어 있으렴

: 모세와 아론 이야기(출 4:10-14)

복된 아가 ▓▓▓▓▓(아)야! 하나님은 우리에게 필요한 믿음의 동역자들을 붙여 주신단다. 모세에게도 하나님의 일을 수행하는 데 꼭 필요한 동역자가 있었어. 바로 친형 아론이야.

아론은 넓은 마음과 깊은 생각을 가진 사람이었고 긍정적인 사고 방식의 소유자였단다. 그는 자기 자신보다 하나님의 일을 더 중요하게 생각하고는 했지. 또 합리적이면서 말솜씨가 좋았기 때문에 설득력 있는 말로 모세의 대언자 역할을 잘 감당했단다. 특히 그는 모세의 형이었지만, 모세를 지도자로 섬기는 일에 한마디 불평도 하지 않고 잘 도와주었단다. 이스라엘과 아말렉이 싸울 때도 훌과 함께 기도하는 모세의 팔을 붙들어 힘을 실어 주는 일을 잘 감당했단다.

하지만 아론은 두 가지 큰 실수를 범했어. 한번은 모세가 하나님 께 십계명을 받으러 시내 산에 올라가 있을 때였어. 백성들은 모세 가 오지 않자 불평을 쏟아냈고, 아론은 그들을 위해 금송아지 우상 을 만들고 말았어. 또 한번은 백성들이 마실 물이 없어서 불평할 때 였어. 하나님은 모세와 아론에게 반석을 향해 "물을 내라" 하고 명령 하라고 하셨지만, 모세와 아론은 반석을 두 번이나 내리치는 실수를 범했단다. 아론은 이 두 번의 실수로 결국 간절히 원하던 가나안 땅 에는 들어가지 못하게 되었어.

사람은 누구나 실수를 범할 수 있어. 하지만 하나님 앞에서 늘 깨 어서 같은 실수를 반복하는 죄를 짓지 않도록 해야 한단다.

사랑한다. _____ (아)야!

12

흠이 없는 아이로
자라나게 하소서

예수가 함께 계시니(찬송가 325장) | 항상 진실케

온 이스라엘 가운데에서 압살롬 같이 아름다움으로 크게 칭찬 받는 자
가 없었으니 그는 발바닥부터 정수리까지 흠이 없음이라 삼하 14:25

토기장이이신 하나님! 하나님의 뜻을 따라 아이를 빚고 만드신
하나님께 감사합니다.

아이 정수리의 대천문이 완전히 봉합되려면 1~2년이 더 걸린다
고 합니다. 그래서 아이 머리를 감길 때마다 혹시나 잘못 다치게 할
까 두려워하는 겁쟁이 부모입니다. 하나님은 우리가 불안과 두려움
에 휩싸이는 것을 잘 알고 계십니다. 우리에게 용기를 주시고 믿음

이 날마다 깊어지게 도와주소서. 두려움이 커지는 날에는 주를 더욱 의지하게 하소서. 하나님을 의지하고 찬송하게 하시고, 감사하며 주 앞으로 나아가게 하소서.

아이가 하나님께서 주신 지혜로 자라나게 하소서. 여호와를 경외하는 자로, 하나님 앞에서 완전한 자로 자라나게 하소서. 또한 원수도 사랑하는 자로, 받기만 바라지 않고 베푸는 자로, 선한 청지기로, 성령과 지혜가 충만한 자로, 선을 행하는 자로, 에녹처럼 하나님을 기쁘시게 하는 자로, 칭찬 받는 아이로 자라나게 하소서.

예수님의 이름으로 기도합니다. 아멘!

주신 소명을
성실하게 잘 감당하는
가 되렴

: 여호수아 이야기 (민 27:18-23, 수 1-24장)

복된 아가   (아)야! 여호수아는 하나님을 잘 섬기고 신
뢰하며 맡은 일에 충성하는 일꾼이었어. 청년의 때에는 기도하느라
회막을 떠날 줄 몰랐을 정도로 성실한 사람이었어.

모세가 하나님이 약속하신 땅, 가나안에 들어가기에 앞서 열두
명의 정탐꾼을 각 지파에서 선발해서 파송했는데, 여기에 여호수아
도 있었어. 가나안을 정탐하고 온 사람들 중 열 명은 불신앙으로 부
정적인 보고를 했지만 여호수아와 갈렙은 신실하신 하나님을 믿음

으로 긍정적인 보고를 하였단다.

마침내 하나님은 여호수아에게 모세의 후계자가 되는 축복을 내리셨어. 이스라엘은 가나안 일곱 족속을 멸하고 가나안 땅으로 입성했는데, 이때 하나님은 여호수아를 민족의 지도자로 세우셨어. 모세가 세상을 떠난 후에도 여호수아는 이스라엘 백성들을 잘 섬기는 지도자가 되었단다.

(이)도 여호수아처럼 하나님이 부르시는 자리에서 최선을 다하는 사람이 되길 바란다. 주신 소명 잘 감당하는 자에게는 하나님이 늘 함께하신단다.

사랑한다. (아)야!

KEY
POINT

아이의 능력과
행동 특징

- 사물의 윤곽을 구별할 수 있을 정도로 시야가 넓어졌지만, 아직은 30센티미터 정도 거리의 정면에서 보여 주어야 똑바로 볼 수 있어요.

- 아이 정수리의 대천문은 완전히 봉합되려면 1~2년이 더 걸려요. 그렇지만 비누칠할 때 주저하지 말고 해도 괜찮아요. 작은 머리빗을 사용해도 좋아요.

- 4주경에는 트림을 할 때나 트림 후에 되새김질 하는 현상이 있을 수 있지만 걱정할 필요는 없어요.

- 아이의 반사작용이 더욱 뚜렷해지고 발전해서, 손바닥을 살짝만 건드려도 움켜쥐려고 해요.

2부

영아와 함께

드리는 기도

5장

생후 1개월

지혜가 더욱 자라게 하소서

여호와께서 겸손한 자들은 붙드시고 악인들은 땅에 엎
드러뜨리시는도다 시 147:6

♥ 복된 아가 _____(아)야! 어떤 일이든 내 생각에 옳은 대로, 내가 보기에 좋은 대로 행해서는 안 된다는 것을 늘 명심해야 한단다. 언제나 하나님 말씀으로 지혜롭게 판단하고 하나님이 인도하시는 길을 따라가렴. 복되고 지혜 있는 하나님의 자녀는 언제나 하나님 뜻이 무엇인지 분별하며 살아가야 해. 의인의 길로 행하는 자와 겸손한 자에게 주시는 복을 누리며 살아가길 바란다. 날마다 하나님을 향하여 기뻐하고 찬양하며 살아가길 기도할게.

13

죄악의 길에서
방황하지 않게 하소서

주 예수보다 더 귀한 것은 없네(찬송가 94장) | 온 맘 다해

아브람이 사래에게 이르되 당신의 여종은 당신의 수중에 있으니 당신의 눈에 좋을 대로 그에게 행하라 하매 사래가 하갈을 학대하였더니 하갈이 사래 앞에서 도망하였더라 창 16:6

우리를 주목하시는 하나님! 우리의 모든 시간과 삶에 동행하셔서 말씀하고 인도하여 주시니 참 감사합니다.

아이가 섭취한 모유(분유)를 입 밖으로 쏟아내는 증상이 곧 사라지게 도와주소서. 지금 먹고 있는 모유(분유)가 아이의 육신의 건강을 이루는 데 부족하지 않고 충분한 영양분이 되게 도와주소서.

아이에게 대조가 되는 색채나 반짝거리는 물체를 많이 제공하고

자주 바꾸어 주면 시각 기능이 향상된다고 합니다. 아이에게 필요한 물체를 선택하는 데 필요한 지혜를 주소서. 아이는 찬 공기가 느껴지는 것을 싫어하기 때문에 옷 벗는 것을 싫어하여 심하게 울기도 하는데, 우는 아이에게 부드러운 목소리와 따스한 손길로 대하도록 도와주소서.

아이가 자신의 눈에 좋을 대로 행동하여 악의 길에 들어서거나 죄악의 길에서 방황하지 않도록 아이 평생을 지켜 보호하시고 선한 길로 인도하여 주소서. 아이의 눈과 마음의 중심이 하나님께만 고정되게 하소서.

예수님의 이름으로 기도합니다. 아멘!

하나님은 우리가
생각할 수 없는 일을
하신단다

: 라합 이야기(수 6:17-25)

복된 아가 ⬚⬚⬚⬚⬚⬚ (아)야! 여리고 성에 사는 라합은 지혜가 많은 여자였어. 기생이었지만 하나님에게 관심이 많았고, 신앙심이 깊었단다.

여호수아가 두 정탐꾼을 여리고로 파송했을 때, 라합은 위험을 무릅쓰고 그들을 숨겨 주었어. 바로 자기 집 옥상에! 그야말로 목숨을 걸어야 하는 일이었어. 그렇지만 라합은 이 모든 일을 해냈고, 두 정탐꾼이 안전하게 탈출할 수 있도록 도왔단다. 라합은 담대한 여인이었어.

라합은 두 정탐꾼과 헤어지면서 그들에게 부탁했어. 나중에 이스라엘이 전쟁에서 승리하게 되면 자신과 가족을 구해 달라고 말이야. 그 언약의 표로 창문에 붉은 밧줄을 매어 그것을 증거물로 삼기로 했어. 마침내 여호수아가 이끄는 이스라엘 군대가 여리고를 점령했고, 여호수아는 약속대로 라합과 그녀의 가족, 그에게 속한 모든 사람을 살려 주었어.

⬚⬚⬚⬚(아)야! 라합은 그 뒤에 다윗과 예수님의 조상이 되었단다. 정말 놀랍지? 하나님은 우리 머리로는 절대 생각할 수 없는 놀라운 일을 행하시는 분이란다. 그 하나님만 믿고 따르자.

사랑한다. ⬚⬚⬚⬚(아)야!

14

하나님을 향하여
기쁘게 노래하게 하소서

주의 음성을 내가 들으니(찬송가 540장) | 감사함으로

우리의 능력이 되시는 하나님을 향하여 기쁘게 노래하며 야곱의 하나
님을 향하여 즐거이 소리칠 지어다 시 81:1

✎ 항상 돌보아 주시는 하나님! 하나님께로부터 내려오는 기쁨과 평
안이 넘치게 하심을 감사합니다.

아이의 입과 눈가에 주름이 잡히면서 얼굴 전체로 미소가 퍼져
나가는 모습을 볼 때 우리 부부는 이루 말할 수 없을 정도로 행복합
니다. 아이가 자라갈수록 하나님을 향하여 두 손을 들고 찬양하며,
하나님께 즐겁게 소리치며, 감사의 눈물을 흘리며, 복을 구하며, 회

개하며, 부르짖는 믿음을 허락하여 주소서. 특정한 사람이나 사물을 향해 웃거나 미소 짓는 것은 아이가 건네는 대화의 일부분이라고 하는데, 아이가 하나님의 얼굴을 구하고 찾을 때마다 주의 얼굴빛을 비추시고 그 부르짖음에 응답하여 주소서.

아이가 하나님을 갈망할 때마다 만나 주소서. 더욱 주를 사랑하게 하소서. 주님의 사랑으로 더욱 겸손하여 죄에서 떠나게 도와주소서.

예수님의 이름으로 기도합니다. 아멘!

하나님은
겸손한 사람을
좋아하셔

: 갈렙 이야기 (수 14:6-12)

복된 아가 ⬛⬛⬛ (아)야! 아주 성실하고 책임감이 강한 사람이 있었어. 그는 여호수아처럼 믿음이 아주 좋았어. 남들 앞에 드러나지 않지만 묵묵히 자신의 일을 잘 감당하는 일꾼이었어. 하나님만 믿고 따르는, 신앙심이 아주 좋은 사람이었어. 누굴까? 그는 바로 갈렙이야.

모세는 갈렙의 장점을 다 알고 있었어. 그래서 가나안 땅을 정탐할 때 여호수아와 함께 갈렙을 정탐꾼으로 보냈단다. 갈렙은 유다

지파의 대표로 나갔어. 그는 하나님을 향한 믿음이 강한 사람이었기에 가나안 정복에 대한 승리의 확신을 가지고 있었어. 갈렙은 믿음이 좋았지만 자신을 높이거나 자랑하지 않았단다. 오히려 자신을 낮추고 여호수아를 높이며 섬겼어. 갈렙은 아주 겸손한 사람이었단다.

하나님은 언제나 겸손한 사람을 사용하시고 교만한 사람을 물리치신단다. 하나님께 인정받고 쓰임 받으려면, 첫째도 겸손, 둘째도 겸손해야 한단다.

사랑한다. ⬜⬜⬜⬜ (아)야!

15

머리를 가눌 수 있는 힘과
숙일 수 있는 겸손을 주소서

겸손히 주를 섬길 때(찬송가 212장) | 나의 모습 나의 소유

네 아버지의 축복이 내 선조의 축복보다 나아서 영원한 산이 한없음
같이 이 축복이 요셉의 머리로 돌아오며 그 형제 중 뛰어난 자의 정수
리로 돌아오리로다 창 49:26

가난하게도 하시고 부하게도 하시며 낮추기도 하시고 높이기도
하시는 하나님! 연약한 우리 삶을 통하여 지금도 하나님께서 일하고
계심을 감사합니다.

아이가 아주 잠깐 머리를 수직으로 가눌 수 있게 되었습니다. 힘
이 없어 기울어짐으로 머리를 다치는 일이 없도록 매 순간 지키고
보호하여 주소서. 아이가 평생에 하나님과 사람 앞에서 겸손하여 늘

하나님을 찾게 하소서. 겸손한 자를 구원하시는 하나님의 은혜가 아이에게 임하길 원합니다.

아이가 자는 순간에도 숨을 쉬고 있는지 걱정하며 가슴에 손을 얹고 확인하는 버릇이 생겼습니다. 아이의 건강을 걱정하거나 염려하지 않도록 우리 마음을 평안의 길로 인도하여 주소서. 아이의 모든 순간이 하나님 앞에 있음을 믿습니다. 자고 깨어나는 순간에도 아이가 자라도록 도우시며 붙들고 계심도 믿습니다.

어디에 있든지 하나님이 아이와 함께하심을 믿습니다. 우리가 인내하며 아이의 성장을 기다릴 수 있는 마음을 허락하소서.

예수님의 이름으로 기도합니다. 아멘!

하나님은 지금도
이런 사람을
찾고 계셔

: 기드온과 300용사 이야기(삿 6:14-8)

복된 아가 ▨▨▨▨▨▨(아)야! 기드온은 대단한 능력을 가졌지만 자신을 가장 약하고 작은 자라고 여기며 늘 겸손한 태도로 살아갔단다. 겸손한 기드온에게 하나님은 "미디안에서 내 백성을 구원하라"는 사명을 주셨어. 또한 "미디안 사람 치기를 한 사람 치듯 하리라"고 말씀하시며 용기를 불어 넣어 주셨어.

전국에서 기드온을 따르는 백성이 3만2천 명이 모였단다. 하지만 하나님은 그중 단 300명만을 최종 선발하셨어. 왜 그러셨을까?

그것은 기드온을 따르는 백성이 너무 많아 자신의 힘으로 승리했다고 자랑하게 될까 봐 미리 그 일을 막으신 거야.

최종 선발된 300명은 신실하신 하나님에 대한 믿음, 지도자 기드온에 대한 신뢰, 자기가 맡은 일에 대한 사명감이 투철한 사람들이었어. 하나님은 지금도 이런 사람을 찾고 계셔. 그리고 그들을 통해 일하고 싶어 하셔. 기드온의 300 용사처럼 하나님이 찾으실 때 '주여! 내가 여기 있사오니 나를 쓰시옵소서!'라고 고백할 수 있는 _____(이)가 되길 기도할게.

사랑한다. _____(아)야!

KEY
POINT

아이의 능력과
행동 특징

- 생후 1개월 된 아기의 평균 수면 시간은 19~20시간 정도예요. 다만 아이마다 개인차가 있다는 것을 잊지 않도록 해요.

- 아이는 대조가 되는 색채나 반짝거리는 물체를 특히 좋아해요. 아이에게 이런 물체를 많이 제공하고 자주 바꾸어 주면 시각 기능이 향상돼요.

- 통증을 느낄 수 있어서 주사 맞을 때 울기도 해요.

- 온도에 대한 감각이 생겨서 목욕물 온도가 맞지 않으면 울 수도 있어요.

- 아이는 갑자기 찬 공기가 피부에 닿는 것을 싫어하기 때문에 옷 벗는 것을 싫어할 수 있어요. 옷을 갈아입힐 때는 아이에게 부드러운 목소리로 말하거나 노래를 불러 주면서 해 보세요. 아이를 정면으로 보면서 편안하게 해 주세요.

- 오감을 통해 느낄 수 있는 시기이므로 엄마와의 신체 접촉을 아주 좋아해요. 잦은 스킨십으로 엄마의 사랑을 표현해 주면 안정적인 애착을 형성하게 되고 두뇌 발달에도 큰 도움이 돼요.

- 엄마와 눈을 맞추면서 사회성이 발달하기 시작해요.

- 모유(분유)를 먹고 나서 만족해하며 웃는 듯한 표정을 짓기도 하고 '아', '우' 등의 소리를 내기도 해요.

- 입과 눈가에 주름이 잡히면서 얼굴 전체로 미소가 퍼져 나가요. 특정한 사람이나 사물을 향해 웃거나 미소 지을 줄 알게 돼요. 이런 미소는 아이가 건네는 대화의 일부분으로 이해해야 해요.

- 아이를 가만히 앉혀 놓으면 아주 잠깐 머리를 수직으로 가눌 수 있어요.

- 생후 1개월경에는 사물에 초점을 맞추고 응시하는 것이 가능해져요.

- 울음으로 의사를 표현하면 누군가 와서 도와준다는 사실을 어렴풋이 깨닫기 시작해요.

6장

생후 2개월

순종할
힘을
주소서

하나님이여 내게 응답하시겠으므로 내가 불렀사오니 내
게 귀를 기울여 내 말을 들으소서 시 17:6

♥ 복된 아가 _____(아)야! 아침마다 하나님 말씀을 가장 먼저 만나길 바란다. 언제나 말씀을 묵상하며 하나님을 기다리는 자에게 하나님은 귀를 기울여 응답하신단다. 초자연적인 능력을 받은 삼손은 하나님 말씀에 귀를 기울이지 않아서 큰 죄를 범하게 되었어. 하나님은 언제나 네게 귀를 기울이시고 네가 부르짖는 소리를 듣고 응답하시는 분이란다.

16

삶의 순간마다
귀를 열어 말씀을 듣게 하소서

어지러운 세상 중에(찬송가 340장) | 소원(삶의 작은 일에도)

> 아침에 나로 하여금 주의 인자한 말씀을 듣게 하소서 내가 주를 의뢰
> 함이니이다 내가 다닐 길을 알게 하소서 내가 내 영혼을 주께 드림이
> 니이다 시 143:8

✎ 지금도 살아계셔서 말씀하시는 하나님! 아이는 신생아 때보다 더 오랜 시간 눈을 뜨고 지내게 되었습니다. 시각 기능이 눈에 띄게 발달하고, 눈의 원근을 조절해서 멀리 있는 사물도 뚜렷하게 볼 수 있습니다. 이 모든 일을 가능하게 하신 하나님께 감사합니다.

아이가 눈과 눈을 마주보고 소통할 수 있게 되었습니다. 부모를 알아보고 눈을 마주치면 웃기도 하고, 옹알이를 하면서 주변의 관심을 끌어모으기도 합니다. 엄마가 보이지 않는 곳에서 말소리가 들리면, 그쪽을 향해서 고개를 돌려 찾기도 합니다. 아이가 엄마를 찾듯이, 삶의 순간마다 마음과 뜻을 다하여 하나님을 찾게 하시고 찾을 때마다 만나 주소서. 하나님 말씀 듣기를 사모하며 들은 말씀을 깨닫고 즉시 기쁨으로 순종하게 하소서. 이로써 30배, 60배, 100배의 결실을 하는 아이로 자라게 도와주소서.

아이가 평생 영존하신 하나님 앞에 고요히 앉아 말씀을 기다리며, 주님께 자신을 드리는 삶을 살게 하소서.

예수님의 이름으로 기도합니다. 아멘!

은혜와 은사는
잘 사용해야
한단다

: 삼손 이야기 (삿 13-16장)

　　복된 아가 ＿＿＿＿＿ (아)야! 태어나면서부터 하나님의 영과 함께해 구별된 사람을 나실인이라고 해. 그들은 독주나 포도주를 마시지 못했으며 머리에 삭도를 대지 않았고 전적으로 하나님께 헌신했지. 하나님이 특별히 선택하신 만큼 특별한 은혜와 은사를 부으셨단다. 그래서 초자연적인 역사가 나실인들을 통해 일어났어.

　　하나님은 그들에게 은사만큼이나 특별한 사명을 주셨어. 그중 삼손은 어릴 때부터 하나님의 신이 충만한 사람이었어. 그러나 나실인

답게 살지 못하고 하나님이 금하신 이방 여자와 결혼을 했단다. 부모의 반대에도 불구하고 나실인이 해서는 안 되는 잘못을 저질렀어.

이런 삼손의 고집과 거친 성격 때문에 그의 생활은 힘들게 꼬이고 말았어. 삼손은 하나님이 자신에게 부어주신 놀라운 힘을 하나님을 위해 사용하지 않고 복수하는 일에만 사용했지. 그러다가 이방 여인의 꼬임에 넘어가 하나님이 주신 그 힘을 잃어버리고 말았단다.

특별한 은사와 사명을 받고 태어난 삼손은 하나님과 이웃을 위해 헌신하지 못한 채 죽고 말았어. 하지만 　　　　　　 야, 너는 하나님이 주신 은혜와 은사를 잘 사용하여 하나님의 영광을 나타내는 아이가 되길 기도할게.

사랑한다. 　　　　　 (아)야!

17

하나님께서 보여 주시는 것을
보게 하소서

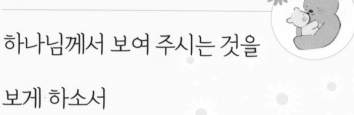

갈 길을 밝히 보이시니(찬송가 524장) | 주님 말씀하시면

너희가 즐겨 순종하면 땅의 아름다운 소산을 먹을 것이요 사 1:19

날마다 말씀하시며 순종할 힘을 주시는 하나님! 아이는 아직 혼
자 힘으로는 뒤집지 못해 엄마가 뉘여 준 대로 가만히 누워 있습니
다. 하지만 머리를 좌우로 돌리면서 고개에 힘을 주는 등 하루가 다
르게 성장하는 모습을 보게 하심에 감사합니다.

아이가 하는 대부분의 행동은 빨기처럼 본능적인 반사운동입니
다. 그러나 앞으로 아이의 모든 행동은 본능이 아닌 하나님 말씀에

의해 다스려지게 하소서. 아이의 눈은 물체를 따라가는 추적 운동이 가능해지므로 움직이는 사람의 모습을 눈으로 추적합니다. 아이가 보기에 좋은 이 땅의 것을 따르지 않고, 하나님 말씀에 주목하여 그 길을 즐거워하게 하소서.

언제나 하나님께서 나타내 보이시는 것을 눈으로 보고 귀로 들으며 마음으로 생각하게 하소서. 무엇보다 영적 분별력을 더하셔서 거룩한 것과 속된 것, 정하고 부정한 것을 분별하는 지혜를 허락하소서.

예수님의 이름으로 기도합니다. 아멘!

믿음을
떠난 삶은
모두 실패한단다

: 나오미와 룻 이야기(룻 1:1-5)

복된 아가 ＿＿＿＿＿ (아)야! 아주 먼 옛날 유다 베들레헴에 나오미가 살았어. 그의 남편은 엘리멜렉이야. 그들은 흉년을 피해 모압 지방에 이주하여 살면서 두 아들, 말론과 기룐을 낳아 길렀어. 나중에 아들들이 장성하여 결혼을 했는데, 하나님이 싫어하시는 이방 여인인 모압의 여자를 며느리로 맞았어.

모압에서의 이민 생활은 나오미에게 엄청난 고통을 안겨 주었단다. 남편과, 두 아들이 차례로 세상을 떠나게 된 거야. 나오미가 겪은 이 큰 슬픔을 어떻게 표현할 수 있을까? 생각만 해도 눈물이 나려고 하는구나.

그러던 중, 나오미는 외롭고 슬픈 기억의 모압 땅을 떠나 고향으로 돌아가야겠다는 결심을 하게 됐어. 그러면서 두 며느리에게 각자의 어머니 집으로 돌아가라고 말했어. 이때 큰 며느리 오르바는 나오미에게 입 맞추고 울면서 자기 집으로 떠났어. 그러나 룻은 나오미를 떠나지 않겠다고 굳게 결심하며 말했어.

"어머니! 제게 떠나라고 하지 마세요. 어머니가 가시는 곳에 저도 가고 어머니가 머무시는 곳에서 저도 머물겠어요. 어머니의 백성이 나의 백성이 되고 어머니의 하나님이 나의 하나님이 되실 거예요."

나오미는 어쩔 수 없이 룻과 함께 베들레헴으로 돌아갔어. 베들레헴 사람들은 10년만에 고향으로 돌아온 나오미와 룻을 뜨겁게 환영했단다.

흉년을 피해 양식이 넉넉해 보이는 모압으로 이주한 것은 하나님의 뜻이 아니었단다. 무엇보다 이방 여자를 며느리로 맞이한 것도 하나님의 말씀을 무시하는 불신앙의 행위였어. 우리의 눈으로 보기엔 다 좋아보여도 하나님 앞에서는 잘못된 것들이 아주 많단다. 어떤 경우에든 믿음을 떠난 삶은 모두 실패한단다.

사랑한다. ▓▓▓▓▓ (아)야!

18

아이가 부르짖는 소리를

들어 주소서

성령이여 강림하사(찬송가 190장) | 주 은혜임을

하나님이 그들의 고통 소리를 들으시고 하나님이 아브라함과 이삭과
야곱에게 세운 그의 언약을 기억하사 출 2:24

우리의 기도를 들으시고 응답하시는 하나님! 아이가 움직이는 물
체나 주변 환경의 변화를 알아차리게 되고, 눈에 보이는 사물에 초
점을 맞추고 응시하는 것이 가능해짐을 감사합니다.

아이가 점차 울음 외에도 낮은 소리를 내기도 합니다. 아이가 내
는 다양한 소리에 민감하게 반응하도록 도와주시되 지나치지 않게
해 주소서. 아이가 하나님을 향하여 축복을 구하면 축복하시고, 치

료를 구하면 치료하여 주소서. 아이가 작은 소리로 속삭일 때도 하나님께 상달되게 하시고, 고통 소리를 내면 언약을 기억하사 아이를 돌봐 주소서. 하늘을 향하여 두 손을 들고 필요한 것을 구할 때에 그 필요를 채워 주시고, 하나님의 음성을 구할 때에는 음성으로 응답하여 주소서.

아침에는 아이에게 기쁨과 즐거움으로 채우시는 다정한 친구가 되어 주시고 밤에는 평안한 잠을 잘 수 있는 평강으로 임하여 주소서. 아이가 부르짖는 기도 소리를 기억하여 주시고, 아이가 하나님의 따뜻한 사랑을 구할 때마다 완전한 사랑으로 응답하여 주소서.

예수님의 이름으로 기도합니다. 아멘!

하나님이 주시는
축복의 기회를
붙잡으렴

: 오르바 이야기(룻 1:4, 14-15)

복된 아가 ▨▨▨ (아)야! 나오미와 두 며느리 이야기가 기억
나니? 오늘은 그 두 며느리 중에서 영적으로 둔감해 하나님의 자녀
가 될 큰 축복의 기회를 놓쳐 버린 오르바의 이야기를 들려줄게.

오르바는 모압 여자로서 나오미의 며느리였어. 기근을 만난 나오
미가 두 며느리, 오르바와 룻에게 친정으로 돌아갈 것을 권했을 때
오르바는 나오미를 떠나 자기 고향으로 돌아갔어.

그 후 오르바는 어떻게 되었을까? 나오미 곁에 남은 룻은 이방 여

자였음에도 그리스도의 족보에 올라가는 축복을 받았지만, 오르바는 하나님의 택한 백성이 되는 큰 축복의 기회를 놓쳐 버렸단다. 영적 무지와 인내심의 결여, 판단력의 부족으로 이 엄청난 기회를 놓치게 된 거야.

　　　　　　(이)도 하나님이 주시는 축복의 기회들이 많이 있을 거야. 하나님 말씀 앞에 늘 깨어 있고 기도로 그 앞에 머물러 있으면 놀라운 축복의 기회를 놓치지 않게 알려 주신단다. 정말 감사하지? 그 기회들을 놓칠까봐 두려워할 필요가 없단다.

　사랑한다. 　　　　　　(아)야!

KEY
POINT

아이의 능력과
행동 특징

- 신생아 때 보다 더 오랜 시간 깨어서 활동해요.

- 생후 2개월 된 아이의 평균 수면 시간은 18~19시간 정도예요.

- 신체의 여러 감각 중에서 시각 기능이 가장 눈에 띄게 발달해요. 눈의 원근을 조절해서 멀리 있는 사물도 뚜렷하게 볼 수 있어요.

- 눈과 눈을 마주보며 나누는 대화는 더 오랫동안 지속되기도 해요.

- 눈을 움직여서 물체를 따라가는 추적 운동이 가능해지므로 움직이는 사람을 눈으로 추적해요. 하지만 아직 모양과 색깔을 완전히 구별할 줄 몰라요.

- 아이는 한 번에 한 가지 일만 할 수 있으므로 먹을 때 말을 하면, 먹기를 멈추고 쳐다봐요.

- 아이가 하는 대부분의 행동은 빨기처럼 반사운동이지만, 손에 물체를 쥐어 주면 꽉 쥐기도 하는 등의 의도적인 동작을 해요.

- 촉각적인 자극에 민감한 아이는 신체적인 접촉을 하거나 부드럽게 마사지해 주는 걸 아주 좋아해요.

- 부모를 알아보고 웃기도 하고, 옹알이를 하는 등 주변의 관심을 끌어모으기도 해요.

- 엄마가 보이지 않는 곳에서 말하는 소리가 들리면, 소리가 나는 방향으로 고개를 돌려서 엄마를 찾아요.

- 생후 6주경의 아이를 엎드려 재우면, 머리와 몸을 동시에 일으켜 세울 수 있어요.

- 아이를 똑바로 재우면, 머리를 좌우로 돌리면서 머리를 들려고 해요.

- 목욕하는 즐거움을 주기 위해서 아이의 얼굴을 마주보며 이야기를 들려주거나 노래를 불러주면 좋아요.

- 아이는 엄마가 뉘여 주는 자세 그대로 가만히 누워 있어요.

- 아직 머리를 세울 힘이 없기 때문에 받쳐 주지 않으면 힘없이 고개가 떨궈져요.

- 특정한 요구에 따라 이전과 다른 소리로 울기 시작해요. 왜 우는지 잘 살펴봐 주세요.

- 머리 정수리 부분에 두 곳의 천문이 있어요. 숨 쉴 때마다 오르락내리락 하는 것이 보이기도 해요. 앞쪽으로 열린 곳은 대천문, 뒤쪽으로 열린 곳은 소천문이라고 해요. 소천문은 생후 6~8주경에 자연스럽게 닫혀요.

- 생후 2개월 무렵이 되면 옹알이를 시작해요. 아이가 내는 모든 소리에는 아이의 소리와 똑같은 소리를 내면서 즐겁게 반응해 주세요.

- 울음 외에 작고 낮은 소리를 내기도 해요.

- 생후 2개월쯤 되면 움켜쥐고 있던 아이의 손이 펴지고, 관심 있는 쪽으로 손을 약간 뻗쳐요.

- 생후 2~3개월경에는 특정한 맛에 대한 기호와 거부 현상이 함께 나타나요.

7장

생후 3개월

여호와 곁에서 안전하게 하소서

주의 종들의 자손은 항상 안전히 거주하고 그의 후손은
주 앞에 굳게 서리이다 하였도다 시 102:28

♥ 복된 아가 _____(아)야! 너를 안고 기도하고 축복하는 동안 하나님은 엄마 아빠의 삶도 돌아보게 하시는구나. 엄마 아빠가 하나님을 더욱 사랑하고 그분의 일을 우선순위에 두는 믿음의 삶을 살아야 네가 복을 받고 안전하고 형통하게 된다는 사실을 깨닫게 하셨단다. 하나님과 _____ 앞에서 한 점 부끄러움 없는 삶, 하나님께만 소망을 두는 삶을 살 수 있도록 기도해 주겠니?

19

내려놓음이 풍족함의 비결임을
알게 하소서

곤한 내 영혼 편히 쉴 곳과(찬송가 406장) | 주께 가오니

베냐민에 대하여는 일렀으되 여호와의 사랑을 입은 자는 그 곁에 안전히 살리로다 여호와께서 그를 날이 마치도록 보호하시고 그를 자기 어깨 사이에 있게 하시리로다 신 33:12

사랑과 자비가 풍성하신 하나님! 잠시 동안이지만 아이 스스로 고개를 들 수 있게 하시고 주먹을 쥐었다 폈다 할 수 있게 하시니 감사합니다.

아이의 연약한 육신은 하나님을 붙잡을 수 없지만 하나님께 붙잡힌바 되어 여호와 곁에서 안전하게 살아가게 도와주소서. 하나님께서 큰 권능과 강한 손으로 아이를 인도하시면 아이의 마음은 기쁨과

평안으로 충만해질 것을 믿습니다. 주님이 임재하셔서 연약한 아이의 몸과 마음이 날마다 치유되고 회복되게 하소서.

아이가 힘주어 움켜쥐었던 모든 것을 하나님께 올려드리게 하소서. 내려놓음이 오히려 하나님 안에서 더 풍족하게 가질 수 있는 기회임을 깨닫게 도와주소서. 하나님이 아이 안에 잠잠하게 거하실 때 아이가 인격적으로 하나님을 만나게 하소서. 하나님 곁에서 안전히 살게 도와주소서. 주님의 귀한 뜻을 따라 살아가게 하소서. 아이의 삶이 한 폭의 수채화처럼 아름다운 그림으로 완성되게 하소서.

예수님의 이름으로 기도합니다. 아멘!

하나님 앞에서 늘 겸손하렴

: 보아스 이야기(룻 2:1-16)

　　복된 아가 　　　　(아)야! 재산이 아주 많은 부자였지만 겸손하고 어질고 너그러운 사람이 있었어. 그는 하나님을 향한 큰 믿음의 사람이었고, 만나는 모든 사람에게 하나님의 복을 빌어 주었지. 이런 모습은 억지로 되는 것이 아니라 마음에서 우러나는 아름다운 행동이었어. 그가 바로 후에 룻의 남편이 된 살몬의 아들 보아스야.

　　나오미와 함께 그녀의 고향으로 온 룻은 보아스의 밭에서 이삭 줍는 일을 했어. 보아스는 일꾼들에게 룻을 괴롭히지 말고 도우라고 당부했단다.

어느 날, 룻은 나오미가 알려 준 대로 깨끗하게 목욕하고 단장한 후 보아스의 침실에 예고도 없이 들어갔어. 그런 룻의 행동에도 보아스는 절대 그녀를 야단치지 않았어. 그의 평소 훌륭한 성품대로 아주 친절하고 자상하게 대해 줬어.

룻은 이방 여자여서 결혼하기가 무척 힘든 상황임에도 불구하고 보아스는 룻과 결혼을 했단다. 보아스의 능력으로는 룻보다 더 좋은 조건의 아내를 맞이할 수 있었지만 하나님의 뜻을 소중히 여겼기 때문이란다.

늘 하나님과 동행하며 하나님께 그분의 뜻을 묻는 보아스처럼, 하나님의 뜻이 무엇인지 늘 고민하면서 하나님과 사람 앞에서 늘 겸손한 　　　　　　(이)가 되길 기도할게.

사랑한다. 　　　　　　(아)야!

20

기도가 땅에
떨어지지 않게 하소서

내가 늘 의지하는 예수(찬송가 86장) | 나의 피난처 예수

사무엘이 자라매 여호와께서 그와 함께 계셔서 그의 말이 하나도 땅
에 떨어지지 않게 하시니 삼상 3:19

우리의 기도에 세밀하게 응답하시는 하나님! 안쪽으로 구부리
고 있던 아이의 다리가 곧게 펴지기 시작합니다. 반사운동 중 일부
가 사라지고 아이가 고개를 들어 올리려고 애를 씁니다. 등은 아직
둥글게 휘어져 있지만 머리를 지탱하기 시작하였으며, 기는 것 같은
동작을 합니다. 이 모든 발달 과정을 지켜볼 때마다 하나님의 일하
심이 놀랍고 감사합니다. 하나님 홀로 영광 받으소서.

아이가 뒤집기 시작했습니다. 침대에서 떨어지지 않도록 늘 지켜 보호하여 주소서. 사무엘과 함께하신 하나님께서 아이와 함께하셔서 아이의 기도가 하나도 땅에 떨어지지 않고 응답되게 도와주소서. 아이 평생에 통의 가루와 병의 기름이 없어지지 않게 하셔서 섬기고 베푸는 삶을 살게 도와주소서.

환상을 보여 주셔서 아이가 하나님의 뜻을 깨달아 알게 하소서. 하나님이 보이시는 꿈을 통해 아이를 만나 주시고 말씀하소서. 아이가 기도할 때마다 하나님은 그 기도에 응답하시는 분이심을 믿으며 살아가게 하소서.

예수님의 이름으로 기도합니다. 아멘!

올바른 믿음으로 행할 때 더 큰 복을 주신단다

: 한나 이야기(삼상 1:3-20)

복된 아가 　　　(아)야! 한나는 아름다웠고 남편의 사랑을 듬뿍 받는 여인이었단다. 무엇보다 그녀는 항상 기도하며 살아갔단다. 한나는 "하나님께 나아가는 자는 반드시 그가 계신 것과 또한 그가 자기를 찾는 자들에게 상 주시는 이심"(히 11:6)을 믿고 기도했단다.

한나의 남편은 엘가나라는 사람이었는데, 그는 레위 지파이자 고핫 자손으로 특별히 성막 일에 직접 참여하는 특별한 제사직을 감당했어. 한나는 남편 엘가나와 함께 매년 실로에 있는 성막을 찾아 제사를 드렸단다.

한나에게는 아름다운 외모 뒤에 숨겨진 큰 아픔이 있었어. 그녀는 아기를 못 낳은 것 때문에 날마다 마음 아파하며 슬퍼했어. 그때마다 한나를 사랑하고 아끼던 남편 엘가나는 이렇게 말했어.

"한나, 울지 마시오. 그대에게 열 명의 아기보다 내가 더 낫지 않나 보오?"

물론 남편의 이런 말이 너무나 위로가 되었지만, 그래도 한나는 아기가 있기를 바라며 늘 하나님께 기도했단다.

"하나님! 제게 아들을 주시면 그 아들을 나실인으로 하나님께 바치겠습니다."

날마다 하나님께 눈물의 기도를 드리던 한나가 드디어 아들을 낳았어! 그 아들 이름은 사무엘이야. 한나는 하나님께 약속한 대로 사무엘이 젖을 떼자마자 성전으로 보냈어. 그 후 하나님은 한나에게 사무엘 외에 세 아들과 두 딸을 선물로 더 주셨단다.

날마다 기도로 살아가면서 올바른 믿음으로 행하는 자에게 하나님은 더 큰 복을 주시는 분이란다.

사랑한다. (아)야!

21

하나님의 음성에
더욱 귀기울이게 하소서

찬양하라 복되신 구세주 예수(찬송가 31장) | 이 시간 너의 맘속에

하나님은 놀라운 음성을 내시며 우리가 헤아릴 수 없는 큰 일을 행하시느니라 욥 37:5

✎ 앉고 일어섬을 아시고 우리의 생각을 아시는 하나님! 아이가 이제 기본 색깔을 구별 할 줄 알게 되었습니다. 사람을 주시하고 흥분하면 팔과 다리를 움직이며 소리를 내기도 하는 모습을 볼 때마다 우리 안에 하나님을 향한 감사가 넘쳐납니다.

아이가 이제 자신의 감정을 표현하여 즐거워하기도 하며, 가끔씩 불안한 마음도 표현합니다. 이러한 감정 표현이 나타나는 것은 당연하고 자연스러운 현상이지만, 아이가 하나님을 인격적으로 만나게 되어 자신의 감정을 하나님께만 쏟아 내게 하소서. 어떤 상황에서든 지 부모인 우리가 아이 앞에서 불안해하거나 두려워 떨지 않게 도와 주소서. 아이가 아프거나 건강하거나 그 밖에 어떤 어려움이 닥쳐와 도 오직 전능하신 하나님께만 소망을 두고 하나님의 도우심만 바라 게 하소서.

아이는 사람과 얼굴을 마주보며 이야기하는 것을 좋아합니다. 다 양한 소리에 흥미를 보입니다. 세상에서 듣게 되는 시끄럽고 요란한 소리보다 잠잠히 지켜보시는 하나님의 부르심과 그 음성에 더욱 귀 를 기울이며 민감하게 반응하는 아이가 되게 도와주소서.

예수님의 이름으로 기도합니다. 아멘!

용서의 하나님은
심판하기도
하신단다

: **홉니와 비느하스 이야기**(삼상 2:12-25)

　복된 아가 ▮▮▮▮ (아)야! 엘리 제사장에게는 골칫덩어리 두 아들 홉니와 비느하스가 있었어. 그들은 성막의 제사장이었지만 하나님을 알지 못하고 행실이 아주 나빴단다. 단지 혈통에 의해서 제사장 직분을 받았을 뿐이야.

　홉니와 비느하스는 하나님을 향한 신앙심도 없고 하나님을 경외하지도 않았으며 성막의 제사를 드리는 제사장 직분까지도 멸시하는 죄를 범했단다. 그들은 백성들이 제사 드린 고기를 삶을 때에 사환들을 시켜서 자기 것으로 취했고, 성막에서 수종을 드는 여인들과 동침하는 큰 죄를 범하였어. 그런데도 그들의 아버지 엘리 제사장은 공의로운 심판을 회피하고 아들들을 꾸짖기만 했단다.

하지만 하나님을 두려워하지 않았던 홉니와 비느하스가 아버지의 말을 들었을 리 없지. 그들은 결국 계속 죄를 짓다가 전쟁에서 하나님의 법궤를 빼앗겼고, 블레셋과의 전쟁에서 하나님의 심판으로 전사하고 말았단다.

하나님은 우리가 회개할 때는 용서하시지만, 홉니와 비느하스처럼 하나님을 경외하지 않고 악한 죄를 지으면 심판하신단다. 혹시 알게 모르게 죄를 지어도 회개하며 하나님의 용서를 받는　　　　(이)가 되길 기도할게.

사랑한다.　　　　(아)야!

KEY
POINT

아이의 능력과
행동 특징

- 아이를 앉혀 두면 머리와 몸은 일자로 보이지만 아직 안정감은 없어요.

- 생후 3개월 된 아이의 평균 수면 시간은 17~18시간 정도예요.

- 목욕은 아이가 기분이 좋을 때 시키고, 식사 직전에는 가급적이면 하지 않는 것이 좋아요.

- 아이 배를 바닥에 대고 엎드려 놓으면 잠깐 동안이지만 스스로 고개를 들고 있어요. 또 팔과 다리를 움직이면서 기는 것 같은 동작을 해요.

- 아이가 뒤집기를 시작하므로 침대에서 떨어지지 않도록 주의해야 해요.

- 안쪽으로 구부리고 있던 다리가 곧게 펴지기 시작해요.

- 반사운동 중 일부가 사라지고 고개를 들어 올리려고 애를 써요.

- 등은 아직 둥글게 휘어져 있지만 머리를 지탱하기 시작해요.

- 혼자서 주먹을 쥐었다 폈다 할 줄 알아요.

- 물체를 몇 분 동안 힘주어 쥐고 있기도 해요.

- 삼원색의 기본 색깔을 구별할 줄 알게 돼요.

- 아이는 흥분, 즐거움, 불안 등의 감정을 표현해요.

- 사람을 주시하고 흥분하면 팔과 다리를 움직이며 소리를 내기도 해요.

- 안아서 얼굴을 마주보며 이야기해 주면 좋아해요.

- 소리에 흥미를 보여요.

- 대부분 내는 소리는 울음이에요.

- 아이는 사람의 얼굴을 보고 사회적 미소를 지을 수 있어요. 부모나 양육자와의 애착을 형성하는 데 필요한 미소라고 볼 수 있어요.

- 생후 3개월경부터 손을 빨기도 해요. 이 시기 아이들이 손가락을 빠는 것은 자연스러운 현상이니 걱정하지 마세요. 생후 6~7개월이 되면 손을 빠는 현상은 저절로 사라져요.

8장

생후 4개월

말씀만을
등불 삼게
하소서

나의 하나님이여 이제 이 곳에서 하는 기도에 눈을 드시
고 귀를 기울이소서 대하 6:40

♥ 복된 아가 _____(아)야! 우리는 하나님 말씀으로 너를 양육하고 싶단다. 오직 하나님 말씀만이 네 걸음을 인도하는 등 불이 되길 기도한다. 우리는 한나와 엘가나처럼 하나님께 자녀 의 삶을 모두 맡기고 내어 드리는 부모가 되고 싶단다. 그들이 사 무엘을 말씀으로 기른 것처럼, 말씀으로 너를 양육하는 부모가 되 고 싶단다. 너도 엄마 아빠를 위해 기도해 주렴. 하나님께서 날마 다 네 기도에 응답하신다는 사실을 잊지 말자. 사울을 왕으로 세 운 것을 후회 하신 것처럼 너를 이 땅에 보내신 것을 후회하시는 일이 없도록 하나님만 의지하는 삶을 살아가자.

22

바뀐 낮과 밤의 생활을
바로잡아 주소서

생명의 주여 면류관(찬송가 154장) | 하나님이시여

왕이 궁에 돌아가서는 밤이 새도록 금식하고 그 앞에 오락을 그치고
잠자기를 마다하니라 단 6:18

우리가 잠자는 동안에도 주무시지도 않고 지켜 주시는 하나님!
아이는 이제 스스로 머리를 들 수 있습니다. 엎드려 재워도 머리를
들 수 있을 만큼 성장하게 하시니 참 감사합니다.

아이가 자는 중에도 온몸을 지켜 보호하셔서 어떤 위험한 상황
도 일어나지 않도록 도와주소서. 엄마 아빠가 깊이 잠든 밤중에도
하나님은 졸지도, 주무시지도 않고 아이를 지키시는 분이심을 믿고

감사합니다. 밤새 잠 잘 자고, 낮에는 잘 먹는 아이로 자라게 도와주소서. 밤에도 잘 자게 하셔서 바뀐 낮과 밤의 생활을 바로 잡아 주소서. 아이가 밤낮이 바뀌면 부모인 우리는 수면이 부족해 피곤해질 수밖에 없습니다. 그렇더라도 우리가 아이에게 짜증내는 일이 없도록 도와주소서.

신체의 각 부분을 조직적으로 움직이고, 손과 다리를 움직이면서 눈으로 엄마를 바라보기도 합니다. 아이가 엄마를 바라볼 때, 따스한 사랑과 관심이 아이에게 온전하게 전달되게 해 주소서.

아이는 입을 통해 사물을 파악하는 구강기입니다. 그래서 손이나 발을 입으로 가져가기도 합니다. 구강기 고착 상태가 일어나지 않도록 부모인 우리가 사랑과 지혜로 돌볼 수 있도록 도와주소서. 어려운 일을 만났을 때, 밤이 새도록 기도하며 하나님께 기도하는 믿음도 허락하소서.

예수님의 이름으로 기도합니다. 아멘!

네가
하나님 앞에서 거룩하도록
잘 양육할게

: 엘리와 사무엘 이야기(삼상 2:18-36)

복된 아가 _____ (아)야! 사무엘은 어린 시절 엘리를 도우며 성전에서 같이 지냈단다. 엘리는 두 아들의 교육은 실패하였지만 어린 사무엘을 말씀으로 잘 양육한 공을 세웠어.

엘리는 40년 동안 제사장직과 사사직을 별 탈 없이 잘 감당했어. 그는 자신이 맡은 사역과 책임은 잘 감당했지만 자녀교육에 실패한 것 때문에 불행한 죽음을 맞게 되었어. 전쟁에 나간 두 아들이 죽은 것도 모자라 하나님의 법궤를 빼앗겼다는 소식을 들었을 때, 엘리는 자기 의자에서 뒤로 넘어져 문 곁에서 목이 부러져 죽었어.

자녀들의 탈선을 막지 못하고, 잘 다스리지 못한 죄로 엘리 제사장은 불행한 종말을 맞게 되었어. 엄마 아빠도 직장에서 맡은 일을 잘 감당해야 하지만 무엇보다 네가 하나님 앞에서 거룩하고 정결한 삶을 살아가도록 하나님 말씀대로 잘 양육해야겠다.

사랑한다. (아)야!

23

하나님을 아버지로
가장 먼저 부르게 하소서

변찮는 주님의 사랑과(찬송가 270장) | 야곱의 축복

그런즉 누구든지 그리스도 안에 있으면 새로운 피조물이라 이전 것은
지나갔으니 보라 새것이 되었도다 고후 5:17

🖊 천지를 창조하신 하나님! 아이가 강렬한 색깔에 관심을 가지기
시작합니다. 인간이 만들어 낼 수 없는 형형색색의 아름다운 세상을
창조해 주신 주님, 감사합니다.

아이는 점점 부모의 감정 표현에 민감해집니다. 아이에게 '사랑
한다'는 표현을 아낌없이 하도록 지혜를 주시고 아이는 부모의 사랑
안에서 안정감을 누리도록 도와주소서. 아이가 부모의 사랑을 느낄

뿐 아니라, 하나님의 크신 사랑을 배우며 자라게 도와주소서. 아이가 새로운 도전에 성공했을 때에는 칭찬과 격려를 아낌없이 해 줄 줄 아는 부모가 되게 하소서. 아이가 자신이 가진 장점 때문에 교만해 지거나 단점 때문에 좌절하거나 실망하지 않게 도와주소서. 하나님께서 선물로 주신 예쁜 목소리로 '하나님'을 아버지로 가장 먼저 부르고 찾는 아이로 자라게 도와주소서.

아이 평생에 날마다 새로운 피조물의 삶을 살아가게 하소서. 세상의 피조물을 하나님보다 더 사랑하고 따르는 죄에 빠지지 않게 도우소서. 하나님 외에 다른 우상을 섬기는 죄를 짓지 않게 도와주소서. 여러 가지 고운 말로 유혹하며 입술의 호리는 말로 꾀이는 마귀의 속삭임에 빠져 죄악의 길로 들어서거나 기웃거리는 일이 없도록 인도하여 주소서.

예수님의 이름으로 기도합니다. 아멘!

사람들에게도 인정받는 믿음의 사람이 되렴

: 사무엘 이야기(삼상 3:19-21)

복된 아가 _____ (아)야! 사무엘은 엘가나와 한나의 첫 번째 아들이야. 사무엘은 젖을 뗄 때까지 3년 동안 가정에서 부모님의 사랑을 듬뿍 받았어. 그 후에는 부모님과 떨어져 실로의 성막에서 엘리 제사장의 양육을 받는 특혜를 누렸지.

어린 사무엘은 부모님의 말씀에 끝까지 순종하고 따랐으며, 하나님을 향한 믿음도 대단히 좋았단다. 하나님을 사랑했던 사무엘은 어린 나이에 정말 특별한 체험을 했어. 세 번이나 엘리 제사장의 집에 대한 예언을 듣게 된 거야. 하나님은 사무엘이 성장하는 내내 늘 함께하셨어.

사무엘의 기도는 모두 응답되었단다. 그 일을 지켜본 단에서부터 브엘세바까지의 온 이스라엘 백성이 여호와의 선지자로서 사무엘을 인정하고 존경했어. 그러나 훗날 사울을 왕으로 세운 후에, 사울의 불신앙과 하나님께 대한 불순종으로 이스라엘은 심한 고통을 여러 번 겪기도 했어. 하지만 사무엘은 훌륭한 하나님의 일꾼이었어.

　　　　　　　(이)도 하나님을 믿는 믿음이 바르게 자라나고 성장하여 사람들에게도 인정받는 하나님의 일꾼이 되기를 기도할게.

사랑한다.　　　　(아)야!

24

주님의 빛으로
살아가게 하소서

내 진정 사모하는(찬송가 88장) | 빛 되신 주

지혜 있는 자는 궁창의 빛과 같이 빛날 것이요 많은 사람을 옳은 데로
돌아오게 한 자는 별과 같이 영원토록 빛나리라 단 12:3

하늘과 땅과 빛을 창조하신 하나님! 아이를 유모차에 태워 산책
을 할 때면 하나님께서 만드신 아름다운 대자연을 계절마다 풍족하
게 누리게 하심에 감사합니다.

아이는 무릎을 구부렸다 펴기도 하고 방바닥에 세워 주면 발로
힘차게 밀기도 합니다. 그 모습을 보니 하나님께서 인간을 지으시고
기뻐하셨던 마음을 조금은 알 것 같습니다. 그 즐거움에 함께 동참

하게 하시니 감사합니다. 하루가 다르게 성장하고 발달하는 아이를 볼 때마다 눈동자같이 지키시고 주의 날개 그늘 아래에 감추신 하나님의 사랑을 목도하며 기뻐합니다. 시력은 생후 4개월까지 급속도로 발달하게 된다고 하는데, 밝고 맑은 눈을 허락하셔서 늙어서도 안력이 약해지지 않게 도우소서. 시력이 약해지는 유전적인 요인이 있다 할지라도 안경을 쓰지 않고도 하나님의 말씀을 잘 읽을 수 있는 온전한 시력이 되도록 두 눈을 지켜 주소서.

빛이 되신 주님께서 아이 안에 끊임없이 환한 빛을 발하여 주시고, 주님으로부터 그 영원한 빛을 받아 빛나는 삶을 살아가게 하소서. 오직 한 분, 하나님의 영광스러운 그 빛만이 이 더러운 땅 위에 오롯이 비춰지게 하소서. 하나님의 사랑의 빛, 은혜의 빛, 구원의 빛, 생명의 빛, 평화의 빛을 세상 곳곳에 비추어 이 땅 위에 온갖 어두움이 물러가게 하소서. 아이의 마음에도 하나님의 사랑의 빛으로 가득 채워 주소서.

예수님의 이름으로 기도합니다. 아멘!

하나님보다
더 큰 두려움은
없단다

: **사울 이야기**(삼상 9-13장)

복된 아가 ＿＿＿＿＿ (아)야! 사울은 준수한 외모에 큰 키, 훌륭한 성품을 가진 멋있는 사람이었어. 그는 이스라엘의 초대 왕으로 선출되었고, 암몬과의 전쟁에서 큰 승리를 거두는 업적을 이루기도 했지. 이 일로 왕의 권위가 세워졌어. 사울은 백성들의 지지를 받으면서 더욱 왕의 기반을 굳게 다졌어.

그러나 사울은 큰 실수를 범하게 된단다. 블레셋과의 싸움을 앞두고 제사를 지내는데, 사무엘이 정한 기한에 돌아오지 않자 직접 번제를 드렸던 거야. 하나님 명령대로라면 사울은 사무엘을 기다려야 했어. 하지만 사울과 백성들은 두려움에 사로잡혀 자기 생각에 옳은 대로 행동했어. 이 일로 사울은 곧 왕의 자리에서 내려와야 할 것이라는 예언을 들었단다.

그렇지만 믹마스에서의 블레셋과의 싸움에서 사울은 하나님의 도우심으로 큰 승리를 거두었어. 어떻게 승리하게 되었을까? 그 지역이 지진이 일어난 것처럼 땅이 진동할 때 자기 군대끼리 서로 대적해 싸운 거야. 사울은 이러한 하나님의 도우심에도 불구하고 하나님을 잊어버리고 교만한 마음으로 살았어. 아말렉과의 싸움에서는 하나님이 그곳의 남녀와 짐승까지 모두 진멸하라고 지시하셨는데도 이 명령을 따르지 않고 왕과 소와 양을 남겼단다. 그 일 때문에 하나님은 사울을 왕으로 세운 것을 후회하셨어.

"내가 사울을 왕으로 세운 것을 후회한다. 그가 돌이켜서 나를 따르지 않으며 내 명령을 행하지 않는구나!"

불순종하는 사울처럼 살지 말고 언제나 하나님 말씀에 귀를 열어 순종하는 　　　　　(이)가 되기를 기도한다.

사랑한다. 　　　　　(아)야!

KEY
POINT

아이의 능력과
행동 특징

- 생후 4개월 된 아이의 평균 수면 시간은 16~17시간 정도예요.

- 생후 4~5개월 아이들은 본격적으로 뒤집기를 연습해요. 푹신한 이불보다는 단단하고 안정된 바닥에서 스스로 뒤집을 수 있도록 도와주세요.

- 아이는 똑바로 눕거나 엎드린 상태에서 머리를 들 수 있어요.

- 신체 각 부분을 조직적으로 움직이며, 손과 다리를 움직이면서 눈으로 엄마를 바라보기도 해요.

- 이 시기에는 아이의 기질에 따라 개인차가 두드러지게 나타나요. 활발한 아이는 또래보다 빨리 물건을 붙잡기도 해요. 딸랑이 등의 장난감을 잡고 흔들게 도와주면 소근육을 발달시킬 수 있어요.

- 아이는 입을 통해 사물을 파악하기 때문에 손이나 발을 입으로 가져가기도 해요. 이때는 아이 손이 닿는 곳에 위험한 물건을 두지 않는 것이 좋아요.

- 이 시기 아이는 강렬한 색깔에 관심을 가지기 시작해요.

- 아이가 엄마의 감정 표현에 민감하게 반응할 때는 '내가 네게 특별한 관심을 가지고 있다'는 표현을 자주 해 주도록 해요.

- 아이가 새로운 것을 시도하고 성공했을 때에는 칭찬과 격려를 아낌없이 해 주세요.

- 아이는 스스로 소리를 낼 수 있다는 사실을 깨닫고 반복해서 자기 목소리를 내면서 즐거워해요.

- 이 시기의 아이를 유모차에 태워 산책을 할 때는 아이의 상체를 약간 높여 줘서 주변 환경을 관찰하도록 해 주세요. 산책을 즐거워하게 될 거예요.

- 무의식적으로 움켜쥐던 손동작이 사라지기 시작해요. 주변의 도움을 받으면 작은 구슬을 쥘 수도 있어요.

- 무릎을 구부렸다 펴기도 하고 방바닥에 세워 주면 발로 힘차게 밀어요.

- 엎드려 놓으면 머리와 가슴을 들어 올리려고 애를 써요.

- 눈앞에 보이는 움직이는 물체를 향해 손을 휘젓기도 해요. 눕혀 놓으면 두 팔을 똑같이 잘 움직일 수 있어요.

- 아이의 울음이 많이 줄어들고 미소가 증가해요.

- 몸의 움직임이 많아지고 사람의 얼굴을 쳐다보는 것을 즐겨요.

- 엄마의 모습이나 목소리에 몸을 움직이거나 소리를 내고 미소를 지으며 반응해요.

- 아이가 내는 소리가 쿠잉에서 옹알이로 진행돼요. 언어로 반응하는 횟수가 증가해요. 빠른 아이들은 옹알이가 시작되기도 해요. 아이의 옹알이에 대화하듯이 반응해 줌으로 아빠 엄마가 자신의 말에 귀기울이고 있음을 알게 해 주세요.

- 시력은 생후 4개월까지 급속도로 발달해요.

- 가성사시는 생후 3~4개월 이후에 대부분 정상으로 돌아오는데, 계속 증상이 이어지거나 눈을 맞추는 것 등이 다른 아이에 비해 확연히 느려 보인다면 안과 검사를 꼭 받아야 해요.

- 물체가 어떤 것에 가려져 보이지 않아도 여전히 그 자리에 존재한다는 것을 아는 대상 영속성 개념이 발달하기 시작해요. 까꿍 놀이를 자주 하면 대상 영속성 개념을 키울 수 있어요.

9장

생후 5개월

다윗의 담대함을 주소서

빌기를 다하매 모인 곳이 진동하더니 무리가 다 성령이
충만하여 담대히 하나님의 말씀을 전하니라 행 4:31

복된 아가 _____(아)야! 하나님은 언제나 우리와 함께 하시고 우리를 위하여 싸우고 계신단다. 다재다능한 다윗이 작은 돌을 가지고 골리앗과 싸울 때도 함께하셨단다. 다윗의 하나님은 네가 가는 곳마다 동행하시면서 너를 지켜 주시고 네가 승리하도록 도와주신단다. 언제나 기쁨과 성령이 충만하여 담대히 하나님의 말씀을 전하는 자녀로 자라길 기도한다.

25

우리를 위해 싸우시는

하나님을 보게 하소서

웬 말인가 날 위하여(찬송가 143장) | 하나님은 너를 지키시는 자

너희는 어디서든지 나팔 소리를 듣거든 그리로 모여서 우리에게로
나아오라 우리 하나님이 우리를 위하여 싸우시리라 하였느니라 느
4:20

우리를 위하여 싸우고 일하시는 하나님! 아이는 이제 똑바로 눕
든지 엎드리든지 아주 잠깐 동안 머리를 들 수 있습니다. 머리를 바
닥에서 떼고 몇 분 동안 엎드려 있을 수 있는 힘을 주셔서 감사합니
다. 아이가 앉아 있든지 누워 있든지 무엇을 하든지 하나님의 음성
을 듣게 하소서. 어떤 상황에서도 하나님의 도우심을 기다리는 아이

가 되게 하소서.

　아이는 앉아 있는 자세에서 머리를 똑바로 가눌 수 있게 되었습니다. 아이에게 필요한 힘을 주셔서 머리가 심하게 흔들리거나 뒤로 넘어가서 다치는 일이 없게 하소서. 아이의 짧은 수면 주기 때문에 우리 부부가 지치지 않도록 하시고, 아이를 향한 사랑과 인내의 마음으로 가득 채워 주소서.

　하나님의 사랑, 빛, 구원, 은혜, 성령의 열매, 힘, 능력, 평안, 기쁨으로 아이의 머리부터 발끝까지 부족함 없이 채워 주소서. 날마다 아이에게 필요한 생명과 건강과 은혜와 축복의 선물들로 가득 채워 주소서.

　예수님의 이름으로 기도합니다. 아멘!

하나님은
다재다능한 달란트를
주신단다

: 다윗 이야기(삼상 16:12-23)

복된 아가 _____(아)야! 다윗은 유대 지파 이새의 막내아들로 태어나서 믿음 좋은 어머니 밑에서 성장했어. 그는 다른 형제들보다도 신앙심이 좋았는데, 거기에는 어머니의 역할이 컸어. 다윗은 영적인 사람으로 하나님의 택하심을 받기에 충분한 자격을 가지고 있었단다.

다윗은 어릴 때부터 외모가 빼어났을 뿐 아니라 멋진 남성미를 갖춘 체형을 가지고 있었어. 사자와 곰도 죽일 만큼 힘이 세고 용맹스러웠어. 그뿐만 아니라, 수금을 탈 줄 알고 용기와 무용과 구변이 있는 준수한 사람이었지. 그런데 무엇보다 다윗이 멋진 이유는 하나님이 늘 함께하는 사람이었다는 거야. 다윗이 다재다능할 수 있었던 이유는 하나님이 다윗과 늘 함께하셨기 때문이야.

하나님은 마음이 하나님께로만 온전히 향하고 있는 자, 하나님 마음에 합한 자를 원하고 찾으신단다. 그리고 그에게 필요한 은사를 주신단다. 하나님이 주시지 않으면 우리는 그 어떤 것도 가질 수 없어.　　　　　(이)도 하나님이 다재다능한 은혜를 주시길 기도할게.

사랑한다.　　　　(아)야!

26

모든 위험한 상황에서

지켜 주소서

구세주를 아는 이들(찬송가 26장) | 아바 아버지

그가 그의 말씀을 보내어 그들을 고치시고 위험한 지경에서 건지시는
도다 시 107:20

✎　위험에서 건져 주시고 보호하시는 하나님! 요즘 아이는 손에 잡
히는 모든 것을 다 입으로 가져가는 구강기를 보내고 있습니다. 자
칫 여러 병균이 아이 몸속으로 들어갈 수도 있는 위험한 시기이지만
주님께서 지키고 보호해 주시니 감사합니다.

　아이가 사용하는 모든 장난감에 붙어 있는 부속품들이 떨어져서
아이의 입속으로 들어가는 위험한 상황이 없도록 지켜 주소서. 혹은

아이의 입 안으로 유해물질이나 환경호르몬이 들어가지 않게 지켜 주소서. "무슨 독을 마실지라도 해를 받지"(막 16:18) 않게 보호하신다고 약속하신 말씀대로 위험한 지경에서 아이를 건져 주소서.

아이와 어디를 가든지 적정한 온도와 습도를 유지할 수 있는 지혜를 주소서. 여행이나 외출로 바뀐 환경 때문에 감기와 같은 질병이 발생하지 않게 도와주소서.

주님은 빛과 생명이십니다. 빛이신 주님만 따르게 하시고, 생명이신 주님 외엔 다른 어떤 것도 의지하지 않게 도와주소서. 어느 누구도 우리를 그리스도의 사랑에서 끊을 수 없으며 환난이나 곤고나 박해나 기근이나 적신의 위험이나 칼도 절대 끊을 수 없음을 믿습니다(롬 8:35-36).

예수님의 이름으로 기도합니다. 아멘!

마음을 나눌 수 있는 친구가 생기길 기도해

: 다윗과 요나단 이야기(삼상 14:1-52)

복된 아가 _____ (아)야! 다윗과 깊고 뜨거운 우정을 나눴던 요나단 이야기를 해 줄게. 사울 왕의 장남인 요나단은 모든 일을 하나님 중심으로 행하는 신앙인이었어. 그는 하나님만 의지하고 그분을 온 마음으로 경외했지. 그런데 그런 요나단이 전쟁에서 사울과 함께 전사하고 말았단다. 그 후에 다윗은 왕위에 올랐어.

그러던 어느 날, 다윗은 요나단의 아들 므비보셋이 살아 있다는 소식을 듣고 그를 왕궁으로 불러들였어. 다윗은 요나단과의 우정을 생각하여 므비보셋을 궁중에서 살게 했어. 그뿐만 아니라 그를 우대하여 왕의 식탁에서 같이 식사할 특권을 주었지. 또한 미브보셋의 신변을 보장하고 편안히 살도록 여러 면으로 도와주었어. 다윗이 그렇게 한 이유는 요나단에게 받은 사랑의 빚을 갚고 싶었기 때문이야.

사랑과 믿음이 있는 곳에는 사랑으로 이어진 형제가 생긴단다. 요나단이 위기에 처한 다윗을 끝까지 도와주고 다윗이 요나단의 아들 므비보셋을 알뜰히 보살펴 준 것처럼, 하나님이 우리   (이)에게도 믿음의 동역자, 마음을 나눌 수 있는 친구들을 보내 주시길 기도할게.

사랑한다.   (아)야!

27

성공이든 실패든
주님의 길로만 가게 하소서

빛나고 높은 보좌와(찬송가 27장) | 성령이 오셨네

제자들은 기쁨과 성령이 충만하니라 행 13:52

✎ 성령과 기쁨을 충만하게 내려 주시는 하나님! 아이가 미소를 짓
거나 웃거나 소리를 내는 모습을 볼 수 있게 해 주셔서 감사합니다.

아이는 요즘 이야기하는 것처럼 음절과 억양이 있는 옹알이를 합
니다. 어른들이 하는 이야기 소리에 반응하는 것이 신기하고 놀랍습
니다. 아이가 점차 성장하는 모습을 보며 하나님을 향한 경외감으로
충만해지는 나날입니다. 아이를 발달 상황에 맞게 면밀하게 길러 주

서서 감사합니다.

아이가 소리가 나는 쪽을 보며 반응하듯이 일생에 하나님의 말씀에 민감하게 반응하게 하소서. 큰 믿음으로 하나님만 바라보는 삶이 날마다 이어지게 하소서. 기쁨뿐만 아니라 이해할 수 없는 슬픔과 아픔이 다가오더라도 우리보다 크고 놀라우신 하나님을 믿고 기다리는 믿음을 지속하게 도와주소서.

성공처럼 보이는 일을 만나도 우쭐하지 않게 하시고, 실패처럼 보이는 일을 만나도 낙담하거나 하나님께 원망하거나 하나님을 떠나는 일이 없도록 도와주소서. 화려한 성공이든 모두 끝이 난 것 같은 실패든 어떤 상황이든 주님께서 인도하시는 그 길로만 믿음으로 나아가게 도와주소서.

예수님의 이름으로 기도합니다. 아멘!

시기와 질투를 기도와 말씀으로 물리치자

: 다윗과 사울 이야기(삼상 15:23-31장)

복된 아가 〔   〕(아)야! 하나님 말씀에 불순종하며 살던 사울은 결국 하나님께 버림을 받았단다. 반면 다윗은 성령님이 충만하게 임하여 주셨단다.

하나님은 블레셋 장군 골리앗을 물맷돌로 죽인 다윗을 통하여 이스라엘에 큰 승리를 안겨 주셨어. 사울과 달리 다윗은 하나님의 이름을 의지하는 사람이었기 때문에 이런 일로 우쭐하거나 교만해지지 않았어. 그 후 다윗은 군대 장관이 되었어. 백성들은 사울보다 다윗을 칭찬했고, 신하들까지도 사울보다 다윗을 크게 환영했단다. 그러자 사울은 다윗을 시기 질투하기 시작했어. 결국 사울은 다윗을 죽이기로 결심하고 말았어.

사울은 다윗을 죽이려고 아홉 번이나 시도했지만, 하나님이 다윗을 지키심으로 그 계획은 모두 실패했단다. 그것 말고도 다른 사람을 통하여 세 번이나 죽이려고 시도했지만 이 계획도 모두 실패했어.

다윗을 향한 사울의 시기와 질투는 결국 사울을 불행한 죽음으로 이끌었단다. 우리도 살다 보면 시기와 질투에 빠질 때가 있을 거야. 그럴 때 사울과 같이 어리석게 행동하지 말고 그 시기와 질투가 네 마음속에 자리잡지 못하도록 기도와 말씀으로 물리치자.

사랑한다. (아)야!

KEY
POINT

아이의 능력과
행동 특징

- 생후 5개월 된 아이의 평균 수면 시간은 16~17시간 정도예요.

- 아이는 똑바로 누워 있든지 엎드려 있든지 아주 잠깐 동안 머리를 들 수 있어요. 엎드려 있으면 몇 분 동안도 들고 있을 수 있어요.

- 앉아 있는 자세에서 머리를 똑바로 가눌 수 있어요.

- 푹신한 쿠션의 도움을 얻으면 허리에 힘을 주고 앉아 있을 수 있어요.

- 상체와 양팔의 힘이 강해져요. 잡아 주면 앉아 있기도 하지만 균형을 잡기 위해서 기대서 앉는 경우가 많아요.

- 엎드리거나 누워 있을 때 발을 쭉 펼 줄 알게 되고, 좌우로 움직이면서 뒤집으려고 해요.

- 아이는 목표한 방향으로 손을 뻗을 수는 있지만, 손에 힘을 주는 것은 아직 힘들어요.

- 손에 잡히는 모든 것을 입으로 가져가므로 아이의 주변에 위험한 물건을 놓지 않는 것이 좋아요.

- 팔을 쭉 뻗어 손을 쫙 펴서 장난감 같은 것을 움켜쥐고 입으로 가져가요.

- 아이가 사용하는 딸랑이 등의 장난감에 붙어 있는 부속품들이 떨어지지 않는지 잘 살펴보고 선택해 주세요.

- 아이와 여행을 할 경우, 자동차나 숙소 등 실내 온도에 주의해야 해요. 집안에서 지낼 때와 비슷한 온도를 유지해 주는 것이 좋아요.

- 아이가 사회화 되는 시기예요. 특히 목소리로 의사소통하기를 좋아해요.

- 몸짓이나 옹알거리는 단순한 소리로 대화하는 것을 좋아하므로 아이가 내는 소리에 즐겁게 반응해 주는 것이 좋아요.

- 아이는 미소를 짓거나 웃거나 소리를 내는 등 다른 사람의 관심을 끌고 유지하는 방법을 발달시켜요

· 이야기하듯 음절과 억양이 있는 옹알이를 해요.

· 소리가 들리면 고개를 들어 쳐다봐요.

10장

생후 6개월

힘든
상황에서도
능히
건지소서

보소서 주께서는 중심이 진실함을 원하시오니 내게 지
혜를 은밀히 가르치시리이다 시 51:6

♥ 복된 아가 _____(아)야! 하나님은 그분의 살아 계시고 역사하심을 믿는 자에게 필요한 지혜를 주신단다. 늘 겸손하고 하나님을 믿는 신앙으로 살아가는 자에게는 솔로몬에게 지혜를 주신 것처럼, 겸손한 자에게 장수의 복과 부귀영화도 함께 주신단다. 이 세상에서 네가 누리는 모든 것은 오직 한분인 하나님께로 말미암은 것이라는 사실을 절대 잊어버려서는 안 된단다. 꼭 기억하렴.

28

사랑이 끊어지지 않는
친구들을 허락하소서

위에 계신 나의 친구(찬송가 92장) | 나는 주의 친구

> 많은 친구를 얻는 자는 해를 당하게 되거니와 어떤 친구는 형제보다
> 친밀하니라 잠 18:24

대면하여 말씀하시며 우리를 친구로 불러 주시는 하나님! 먼저 우리를 사랑하신 하나님의 은혜에 감사합니다.

아빠가 아이와 친밀한 관계를 형성하면 아이에게 심리적 안정감을 줄 수 있다고 합니다. 하나님의 사랑 안에서 저희 부부가 안정감을 누리는 것처럼, 아이를 향한 아빠의 사랑이 충분히 전달되게 하셔서 아이가 안정감을 누리게 도와주소서. 아이의 필요와 욕망을 무

시하지 않고 사랑의 마음으로 응답하게 하시고 아이에게 충분한 사
랑을 베풀게 하소서.

뜻을 정한 다니엘과 세 친구처럼 어떤 상황 속에서도 하나님을
신뢰하며 승리하는 친구를 붙여 주소서. 아이의 얼굴을 빛나게 하는
친구, 충성된 권고를 할 수 있는 친구, 하나님의 살아 계심을 함께 나
눌 수 있는 친구, 사랑이 끊어지지 않는 친구들을 허락하소서.

아이는 주님을 닮아 화평케 하는 자가 되게 하소서. 원수 같은 사
람들이라도 친구로 여기게 하시고, 신뢰하고, 사랑하고, 존중하고,
더 섬기고자 하는 사랑의 마음을 허락하소서.

예수님의 이름으로 기도합니다. 아멘!

어떤 상황에서도 너를 건지실 하나님을 믿으렴

: 다윗과 골리앗 이야기(삼상 17:1-58)

복된 아가 _____ (아)야! 다윗과 골리앗의 이야기를 들려 줄게.

골리앗은 키가 290센티미터나 되는 엄청난 거구의 장군이었어. 보통 사람은 입고 똑바로 서 있을 수도 없을 정도로 엄청 무거운 갑 옷을 입었고 창을 들었지. 그런 그가 하나님을 모욕하는 말을 하자 다윗은 그와 싸우기로 결심했어. 다윗은 전투 훈련을 받아 본 적도 없었는데 말이야.

사울 왕은 다윗에게 갑옷을 입혀 주고 칼을 쥐어 주었지만 몇 걸음 걸어 본 다윗은 익숙하지 않다며 벗어 버렸어. 그 대신 다윗의 무기가 뭐였는지 아니? 바로 막대기와 다섯 개의 물맷돌이었어. 그런데도 다윗은 겁먹거나 물러서지 않았어. 아주 당당하고 멋지게 골리앗 앞으로 걸어 나갔어.

싸움의 결과는 어땠을까? 당연히 다윗이 이겼지! 사실 다윗은 군인이 아니고 양치기였지만, 그동안 매서운 동물들로부터 양을 지키기 위해 물맷돌 연습을 엄청나게 했던 거야. 그뿐만이 아니야. 다윗은 이전에도 사자의 발톱과 곰의 발톱으로부터 자신을 건지신 하나님을 믿었어. 그 하나님은 당연히 골리앗의 손에서도 자신을 반드시 건지실 것이라고 믿었던 거지. 크신 능력의 하나님을 의지한 다윗은 골리앗을 죽이고 사울의 군대를 큰 승리로 이끌었단다.

　　　　　　(이)도 앞으로 어렵고도 힘든 수많은 일들을 만날 거야. 그때마다 반드시 너를 지키시는 분, 힘든 상황 속에서 능히 건져 내 주실 전능하신 하나님을 기억하며 나아가자.

사랑한다. 　　　　　　(아)야!

29

지금도 분명하게 살아 계시는

하나님을 알게 하소서

내 주님은 살아계셔(찬송가 170장) | 내 이름 아시죠

예수께서 이르시되 너는 나를 본 고로 믿느냐 보지 못하고 믿는 자들
은 복되도다 하시니라 요 20:29

✎ 지금도 살아 계셔서 역사하시는 하나님! 아이는 자신의 목소리를
악기처럼 이용해서 혼자 다양한 소리를 냅니다. 점점 낼 수 있는 소
리가 다양해지고 음절이 더 풍부하게 됨을 감사합니다.

이 시기의 아이는 눈에 보이는 것만 존재한다고 믿게 되므로 '눈
에 보이지 않아도 사물이나 사람이 존재한다'는 것을 가르쳐 주면
좋다고 합니다. 육신의 두 눈엔 보이지 않지만 지금도 살아서 역사

하시는 하나님을 알고 깨닫고 믿을 수 있도록 하여 주소서. 아이가 자라는 속도만큼 믿음의 분량도 비례해서 자라나게 도와주소서.

아이가 거울로 자신의 모습을 볼 때마다 하나님의 형상대로 지음 받았음을 알게 하시고, 하나님과 사람들에게 사랑받기 위해 태어난 존재임을 깨닫게 하소서. 아이는 어른들 목소리의 억양과 강세를 모방하기 시작합니다. 이때 말을 이해하기 전에 분위기를 먼저 이해한다고 합니다. 아이에게 늘 부드럽고 친절한 사랑의 말만 하게 하소서.

아이의 마음을 넓혀 주셔서 하나님의 크신 능력과 사랑을 받아들이게 하소서. 그래서 세상을 향한 풍성한 사랑이 아이의 마음에서 흘러나오게 하소서. 육안으로는 보이지 않지만 하나님은 여전히 살아 계셔서 우리 모든 삶을 주장하심을 알게 하소서. 하나님을 믿는 믿음의 눈으로 승리하며 살아가게 도와주소서.

예수님의 이름으로 기도합니다. 아멘!

우리의 구원은
오직 하나님 손에
달렸단다

: 골리앗 이야기(삼상 17:1-58)

복된 아가   (아)야! 골리앗은 블레셋 군대의 대장이었
어. 키가 크고 힘이 셌던 골리앗은 자기 혼자 주목받는 것을 좋아했
던 것 같아. 싸움을 걸 때는 군대 전체가 싸울 것 없이 대표 한 사람
만 나와서 자기와 1대 1로 싸워 승부를 결정하자고 하곤 했어.

그날도 골리앗은 이스라엘 군대에게 한 명만 나오라고 했지만,
그의 거대한 외모를 보고 놀란 이스라엘 군인들은 누구 하나 선뜻
그 자리에 나가려고 하지 않았어. 마침 다윗이 아버지의 심부름으로

형들에게 갔다가 이 장면을 목격하고 싸우는 자리에 나갔던 거야.

하지만 골리앗은 거대한 덩치에도 불구하고 다윗과 싸워 힘 한번 제대로 쓰지 못하고 죽어 버렸어. 골리앗처럼 자신을 과신한 채 하나님 앞에 불신앙으로 살아가면 결국엔 힘없이 무너지게 된단다.

하나님은 교만한 자를 물리치고 대적하시는 분이란다. 우리의 구원은 오직 하나님 손에 달렸지. 싸움은 우리가 가진 칼과 창에 있지 않다는 사실을 깨닫고 늘 겸손하게 살아가렴.

사랑한다. (아)야!

30

모든 감정이

하나님 앞에서 통제되게 하소서

주의 피로 이룬 샘물(찬송가 266장) | 보혈을 지나

주께서 생명의 길을 내게 보이시리니 주의 앞에는 충만한 기쁨이 있고 주의 오른쪽에는 영원한 즐거움이 있나이다 시 16:11

✎ 기쁨과 즐거움의 근원이신 하나님! 아이가 양손으로 물체를 쥐게 하시며, 잡은 물체를 오른손에서 왼손으로 옮길 수 있는 소근육 발달이 이뤄지도록 도와주심을 감사합니다.

아이는 공포나 분노 등의 감정을 표현하며, 친숙한 사람이 나타나면 즐거움을 몸으로 표현합니다. 아이가 느끼는 이 모든 감정이 하나님 앞에서 통제되게 하소서. 아이 평생에 하나님께서 주시는 기뻠과 즐거움이 넘쳐나게 도와주소서.

이제는 사람 목소리에 더 많이 반응하며, 자신을 둘러싼 세상에 점점 빠져들고 관심을 가집니다. 아이가 자라면서 사람들의 이야기에 귀를 기울이거나 반응하기보다는 하나님께서 주시는 말씀에 반응하며 순종하고 누리는 즐거움이 영원하게 하소서.

아이 평생에 하나님 앞에서 기쁨과 즐거움으로 춤추며 찬송하게 하시고 몸을 굽혀 예배드리는 겸손한 아이로 자라게 하소서.

예수님의 이름으로 기도합니다. 아멘!

하나님은
지혜를 구한
솔로몬을 기뻐하셨단다

: 솔로몬 이야기(왕상 3:1-28)

복된 아가 _____ (아)야! 지혜의 왕으로 알려진 솔로몬은 다 윗의 아들이었어. 솔로몬은 선지자 나단을 통해 신앙 훈련을 했고, 아버지 다윗 왕에게는 나라를 이끌어 갈 수 있는 훌륭한 리더십을 배웠어. 또한 그의 어머니 밧세바의 사랑이 넘치는 보살핌 덕분에 왕으로서 갖추어야 할 모든 자질들을 골고루 갖출 수 있었단다.

솔로몬은 20세에 기름부음을 받아 왕이 되었어. 그는 가장 먼저 하나님께 감사드리는 일천 번제를 드렸어. 이것을 흡족하게 여기신 하나님이 솔로몬에게 "내가 네게 무엇을 주면 좋겠니? 너는 내게 구하거라" 하고 말씀하셨어. 이때 솔로몬은 자신을 위하여 장수도 부도 구하지 않고, 원수의 생명을 멸하기도 구하지 않고, 오직 '백성의 선악을 분별하는 지혜'를 요청했단다. 그 기도를 들으신 하나님은 더욱 크게 흡족해 하시며 지혜로운 마음과 함께 부와 영광까지 선물로 주셨어. 그 후 솔로몬은 억울한 일을 당한 백성들을 지혜로운 재판으로 구원해 주었고, 백성들은 솔로몬을 더욱 두려워하게 되었단다.

우리 _____(이)는 하나님께 무엇을 구하고 싶니? 솔로몬처럼 하나님과 이웃을 위한 지혜를 구해서 다른 사람들을 섬기는 삶을 살아가면 좋겠다.

사랑한다. _____(아)야!

KEY
POINT

아이의 능력과
행동 특징

- 생후 6개월 된 아이의 평균 수면 시간은 16~17시간 정도예요.

- 이 무렵부터 아래쪽 앞니 두 개가 올라와요. 그러나 이가 나는 시기는 개인차가 있으니 천천히 지켜보도록 해요. 이가 나기 시작하면 충치 관리에 신경 써야 해요.

- 생후 6~7개월 무렵 아이들은 앉기를 배워요. 처음에는 바닥에 손을 짚거나 물건에 기대어 앉기도 하지만 점차 몸을 세우고 앉을 수 있게 돼요. 쿠션 등으로 아이의 등을 받쳐 주면 30분 정도는 앉아 있을 수 있어요.

- 앉을 수 있게 되었다는 것은 허리와 척추에 힘이 생겼다는 뜻이에요. 즉 새로운 발달 단계가 시작되었다는 의미예요.

- 두 손을 활용해서 다양한 놀이를 할 수 있어요. 그러면서 소근육 발달이 더욱 촉진돼요. 소근육 발달에 좋은 활동을 하면 좋아요.

- 이 무렵 아이들은 성격이 뚜렷해지면서 좋아하는 것, 싫어하는 것을 확실하게 표현해요. 또 기쁨, 슬픔, 분노, 공포 등의 감정을 표현하기도 해요.

- 아이는 작은 사회 구성원으로서 다른 가족들과도 좋은 관계를 형성해 나갈 수 있어요.

- 아빠가 아이와 친밀한 관계를 형성하면 아이에게 심리적인 안정감을 제공해 줄 수 있어요.

- 아이의 필요와 욕망에 즉시 응답해 주는 것이 좋아요. 아이가 사랑받고 있다고 느낄 수 있도록 충분히 표현해 주세요.

- 이 시기의 아이는 눈에 보이는 것만 존재한다고 믿어요. 그래서 잠깐 엄마가 가려져 안 보이면 사라졌다고 생각해서 두려움에 휩싸여요. 이럴 때는 까꿍 놀이를 해서 '눈에 보이지 않아도 사물이나 사람이 존재한다'는 것을 가르쳐 주세요.

- 아이는 자신의 목소리를 악기처럼 이용해서 혼자서 모음 소리(아, 어, 오, 우, 이)를 내기도 하며, 차츰 자음을 발음하면서 음절이 더 풍부해져요. 아이의 옹알이에 대화하듯이 반응해 주면 언어 발달에 좋아요.

- 아이 앞에 거울을 가져다주면 거울에 비친 자신의 모습을 보고 이야기해요.

- 다른 소리보다 사람 목소리에 더 많이 반응해요. 특히 아빠나 엄마 목소리의 억양과 강세를 모방하기 시작하는데, 말을 이해하기 전에 분위기를 먼저 이해해요.

- 물체를 쥘 수 있으며 잡은 물체를 오른손에서 왼손으로 옮길 수 있어요.

- 사람의 얼굴과 목소리에 미소를 지으며 좋아해요. 특히 부모처럼 친숙한 사람이 나타나면 즐거움을 몸으로 표현해요.

- 익숙한 사람과 낯선 사람을 구별할 줄 알게 되면서 낯가림이 시작될 수 있어요. 순하던 아이가 갑자기 떼를 쓰거나 불안감을 느껴 울기도 해요. 낯가림은 매우 정상적인 현상이며 인지발달이 일어나고 있는 증거이니 자연스럽게 받아들이면 돼요.

- 갖고 있는 장난감을 빼앗으려고 하면 거부하면서 울어요.

- 이야기하면서 엄마를 쳐다보거나 엄마의 이야기가 끝나면 다시 소리를 내요.

- 이 시기 아이들은 반복놀이를 좋아하므로 똑같은 딸랑이를 온종일 흔들거나 그림책을 넘기는 것만 계속 할 수도 있어요.

11장

생후 7개월

은사대로
사용하여
주소서

온갖 좋은 은사와 온전한 선물이 다 위로부터 빛들의 아버지께로부터 내려오나니 그는 변함도 없으시고 회전하는 그림자도 없으시니라 약 1:17

♥ 복된 아가 _____(아)야! 하나님께서 네게 어떤 선물을 주실지 무척 궁금하구나. 하나님께 받은 온전한 선물로 그분께 영광 돌리며 하나님을 영화롭게 하는 삶을 살아가렴. 그리고 지금도 살아서 역사하시는 하나님을 증거하는 일에 사용하길 바란다. 하나님은 약한 자들을 돌보고 넘어진 자들을 일으켜 세워 주는 것을 무척 기뻐하신단다. 하나님을 기쁘게 해 드리는 일에 힘쓰길 기도할게.

31

받은 은사로

사람들을 잘 섬기게 하소서

주 예수여 은혜를(찬송가 368장) | 그의 생각(하나님은 너를 만드신 분)

> 너희가 모든 은사에 부족함이 없이 우리 주 예수 그리스도의 나타나
> 심을 기다림이라 고전 1:7

각 사람에게 필요한 거룩하고 미쁜 은사를 주신 하나님! 이제 아이는 다양한 방식으로 기어 다니기 시작합니다. 목표로 삼은 사물을 붙잡을 수도 있고 붙잡은 물건을 입으로 가져갈 줄도 알게 되었습니다. 건강하게 자라고 있음에 감사합니다.

이렇게 연약하고 자그마한 아이가 손으로 다른 곳을 짚지 않고도 혼자 잘 앉게 됨을 감사합니다. 눈과 손의 협응력이 많이 발달하여 소근육을 사용하는 아이의 모습을 보게 하시니 하나님께 모든 영광을 올려 드립니다. 아이가 두 손을 동시에 움직이는 모습을 보면서 하나님의 전능하심을 고백하며 경배를 드립니다.

하나님께서 많은 사람에게 은사를 부어 주심같이 우리 아이에게도 하나님의 크신 선물인 구원의 은혜와 신령한 은사를 내려 주소서. 온갖 좋은 은사와 온전한 선물이 다 위로부터, 빛이신 아버지께로부터 내려옴을 믿습니다.

아이가 받은 은사를 하나님과 사람들을 섬기는 일, 참되고 선한 일에 아낌없이 사용하게 하소서. 하나님께서 만드신 걸작품인 아이에게 독창적인 영감을 주셔서 모든 사람들을 풍요롭게 하는 일에 헌신하게 하소서.

예수님의 이름으로 기도합니다. 아멘!

하나님만을 증거하며 살아가렴

: 엘리야 이야기(왕상 17:1-18:46)

복된 아가 _____ (아)야! 엘리야는 엄격한 믿음의 사람이었어. 그는 아합 왕의 죄로 수년 간 비도 이슬도 내리지 않을 것을 선포했어. 그리고 자신은 여호와의 말씀에 순종하여 그릿 시냇가에 은신하며 까마귀가 물어다 주는 음식으로 살았단다.

그러던 어느 날 엘리야는 사르밧 과부의 집에 머물게 됐어. 그러나 과부는 너무 가난해서 엘리야에게 내줄 음식이 없었어. 사실은 집에 남은 음식을 다 먹고 아이와 죽을 생각이었던 거야. 하나님은 그 과부의 집에 은혜를 내리서서 통의 가루가 떨어지지 않고 병의 기름이 없어지지 않는 놀라운 복을 주셨어.

3년 후, 바알과 아세라의 선지자들이 엘리야에게 시비를 걸어 왔어. 자신들이 믿는 신과 하나님 중에 누가 참 신인지 분별해 보자는 거였지. 갈멜 산에는 바알의 선지자 450명, 아세라의 선지자 400명이 모였어. 하나님의 선지자는 엘리야뿐이었어. 바알의 선지자들이 광적인 춤을 추면서 자신들의 신을 불렀지만 아무 일도 일어나지 않았어.

저녁 무렵에 엘리야가 무너진 여호와의 단을 수축하고 "여호와께서 이스라엘의 하나님이신 것과 내가 주의 종인 것과 내가 주의 말씀대로 이 모든 일을 행하는 것을 오늘 알게 하옵소서" 하고 기도했어. 바로 그때 여호와께서 불로 응답하셨단다. 여호와의 불이 내려서 번제물과 나무와 돌과 흙을 태우고 또 도랑의 물을 핥았어. 모든 백성들이 보고 엎드려 '여호와 그는 하나님이시로다'라고 말했단다.

결국 바알과 아세라 선지자들은 기손 강에서 모두 살해되었어. 그 후 구름과 바람이 일어나서 하늘이 캄캄해지고 그 땅에 흡족한 큰 비가 내렸단다.

엘리야와 함께하신 전능하신 하나님이   (이)에게도 임하기를 기도할게. 하나님의 능력을 입고 하나님만 증거하면서 살아가길 기도할게.

사랑한다.   (아)야!

32

세상 헛된 것보다
예수님 옷자락을 잡게 하소서

예수가 거느리시니(찬송가 390장) | 전능하신 나의 주 하나님은

하나님이 이스라엘 자손을 돌보셨고 하나님이 그들을 기억하셨더라

출 2:25

아이를 돌보시고 기억하시는 하나님! 아이의 기억력이 발달해서 조금 전에 일어난 일을 기억할 수 있게 되었습니다. 그뿐만 아니라 물건을 만지고 잡으려고 하며 잡은 물건은 놓치지 않고 붙잡을 수 있는 힘을 주셔서 감사합니다.

아이가 자라나면서 세상의 헛된 것을 잡으려고 애쓰지 않고 예수님의 옷자락을 잡게 하여 주옵소서. 예수님의 도우심을 간절히 애

원하며, 예수님의 발을 붙잡고 고개 숙여 겸손하게 경배하는 아이가 되게 하소서. 아이를 우리 가정에 보내신 주님께서 친히 이 아이를 돌보시고 영원히 기억하여 주소서.

아이가 하는 모든 말들이 의미를 가질 수 있도록 해 주소서. 아이의 하는 말을 따라 반복해 주며 더 다양한 소리로 반응하는 등의 필요한 지혜를 부모인 우리에게 허락하여 주소서. 의미를 가진 어떤 단어보다 '하나님'이라는 거룩한 이름 앞에 반응하고 기뻐하고 즐거워하는 아이가 되게 하소서.

사랑하는 　　　　　　(이)가 하나님의 크신 사랑을 더 많이, 더 깊이, 더 높게, 더 넓게 알아 가게 하소서. 우리 부부에게는 하나님 안에서 새로워진 마음과 의지를 주셔서, 아이를 양육하는 일에 필요한 지혜의 은사를 잘 사용하게 하소서.

예수님의 이름으로 기도합니다. 아멘!

선한
청지기의 삶을
살기 바란다

: 엘리사 이야기(왕하 2:1-22)

복된 아가 _____ (아)야! 엘리사는 엘리야의 사역을 계승하여 나라를 구하고 백성들을 사랑한 선지자란다.

당시에 여리고 지역은 물이 나빠서 농산물이 풍성한 열매를 맺기도 전에 떨어져 버렸어. 이때 엘리사가 폐수에 소금을 섞어 물의 질이 좋아진 기적이 일어났어. 그 외에도 엘리사는 비 없이 시냇가 물을 가득하게 만들고, 아이를 살리고, 과부의 집에 기름이 풍족하게 채워지게 하는 등, 하나님의 영광을 위해 초자연적인 사역을 크게 나타낸 선지자란다. 그중에서도 많은 의미가 담긴 기적은 바로 군대 장관 나아만의 문둥병을 고쳐 준 사건이었어.

이런 다양한 기적을 통하여 엘리사는 하나님 백성으로 인정을 받았어. 그리고 믿지 않는 백성들에게 큰 영향력을 끼치게 되었고, 나라의 질서를 세워 가게 되었단다. 하지만 엘리사는 수많은 기적을 일으켜 백성들을 어려움에서 구해 주었으나 어떤 예물도 요구하지 않고 받지 않았어.

앞으로 살아가면서 엘리야와 같은 멘토를 만나길 기도할게. 또한 너의 도움을 필요로 하는 많은 이웃들을 만나게 될 때, ▨▨▨▨▨ (이)도 엘리사처럼 대가를 요구하지 않고 아낌없이 섬기고 베푸는 선한 청지기의 삶을 살아가길 바란다.

사랑한다. ▨▨▨▨ (아)야!

33

약한 자들을 돌보고
필요를 채우게 하소서

비둘기같이 온유한(찬송가 187장) | 약한 나로 강하게

또 형제들아 너희를 권면하노니 게으른 자들을 권계하며 마음이 약한
자들을 격려하고 힘이 없는 자들을 붙들어 주며 모든 사람에게 오래
참으라 살전 5:14

약한 자들을 격려하시고 힘이 없는 자들을 강하게 세우시는 하나
님! 아이가 혼자 우유병을 들 수 있고, 첫 이가 올라오고, 눕혀 놓으
면 양쪽으로 구르는 모습을 보며 감사를 드립니다. 하지만 아이마다
개인차가 커지는 시기이니 아이의 발달하는 모습을 다른 아이들과
비교하며 예민해지거나 염려하지 않게 도와주소서.

수유를 하며 아이를 하루 종일 혼자 돌봐야 하는 일에 우울해하거나 스트레스 받지 않도록 평안에서 평안으로 인도하여 주소서. 아이가 우유병을 자신의 손으로 들고 먹을 수 있지만 따스한 품에 안고 먹이는 일을 귀찮아하지 않게 하소서. 아이가 부모의 사랑을 충분히 느낄 수 있도록 우리를 하나님의 사랑으로 가득 채워 주소서.

아이가 앉고 기는 일에 자신감을 갖게 하소서. 부모인 우리는 조급해하지 않고 인내하며 기다리게 하소서. 아이의 인생 초기에 강한 감정적 유대를 형성하는 데 부모의 역할이 중요합니다. 우리에게 맡겨 주신 청지기의 역할을 잘 감당하도록 도와주소서. 신뢰감과 지지를 받은 안정된 애착을 형성하기에 부족함이 없게 하시고 타인과 긍정적인 관계를 형성하는 데 부족함이 없게 하소서.

부유하고 유명한 자들보다 가난하고 버림받은 자들의 약함을 돌보고 살피며 필요를 채워 주는 아이로 자라게 하소서.

예수님의 이름으로 기도합니다. 아멘!

우리가
해야 할 일은
믿고 순종하는 것뿐이란다

: 나아만 장군 이야기(왕하 5:1-27)

복된 아가 ＿＿＿＿＿(아)야! 아람 왕의 군대 장관 나아만은 믿음
의 사람이었으며 용맹스럽고 충직한 신하였단다. 그런데 불행히도
나아만은 나병환자였어. 그가 나병환자라는 사실은 치명적인 상처
였어.

어느 날 나아만 아내의 어린 몸종이 나아만에게 놀라운 이야기를
전해 줬어. 이스라엘에는 나병도 능히 고칠 수 있는 능력의 선지자
가 있다는 사실을 말이야. 나아만은 그 선지자가 있는 곳으로 가기

로 했어. 그렇게 나아만은 이스라엘로 와 엘리사를 만났단다.

엘리사는 인간의 의술이 아닌 오직 하나님의 능력으로 병을 치료할 수 있음을 알려 주고 싶었어. 그래서 나아만에게 요단강으로 가서 강물에 일곱 번 씻으라고 명령했단다. 나아만은 엘리사가 자신을 치료하기는커녕 푸대접하는 것으로 오해하고 그냥 집으로 돌아가려고 발길을 옮겼어. 그때 신하들이 나아만을 만류했고, 나아만은 엘리사의 말대로 요단강이 들어가 일곱 번 몸을 씻었어. 그랬더니 정말 신기하게도 나병이 깨끗하게 나았단다.

나아만은 처음엔 엘리사의 말을 믿지 않았지만 말씀을 믿고 순종할 때 결국 나병이 깨끗하게 나았어. 믿고 순종하면   (이)에게도 하나님의 능력으로 고침 받는 역사가 반드시 일어날 거란다.

사랑한다.   (아)야!

KEY
POINT

아이의 능력과
행동 특징

- 생후 7개월 된 아이의 평균 수면 시간은 15~16시간 정도예요.

- 개인차가 있지만 다양한 방식으로 기기 시작해요.

- 엎드린 상태에서 발로 방바닥을 밀면서 앞으로 전진 할 수 있어요. 이때 기는 연습을 할 기회를 주면 좋아요.

- 손으로 다른 곳을 짚지 않고도 혼자 잘 앉아요.

- 아이의 몸은 이제 유기적으로 움직이기 시작하며, 눈과 손과 입은 하나의 목적을 향해 움직일 수 있어요.

- 눕혀 놓으면 양쪽으로 구를 수 있어요.

- 복부와 등이 튼튼해져서 앉아 있기도 하지만 종종 균형 감각을 잃으니 조심하세요.

- 팔을 잡아 주면 고개를 쳐들고 앉으려고 애를 써요.

- 두 손을 동시에 움직일 수 있어요.

- 틈만 나면 물건을 만지고 잡으려 하고 잡은 물건은 잘 놓치지 않아요.

- 아이의 발달 과정을 가지고 다른 아이들과 비교할 필요는 없어요. 아이마다 개인차가 커지는 시기여서 습득 순서가 다른 것뿐이에요.

- 아이는 혼자 우유병을 들 수 있지만, 그래도 우유를 먹을 때는 부모의 따스한 품에 안아 주세요. 혼자 우유병을 들고 먹는다고 아이의 자율성 발달에 영향을 미치지는 않아요.

- 첫 이가 날 수도 있지만 이가 나는 시기도 아이마다 달라요. 지금 시기에 늦고 빠름은 앞으로의 성장과 관련해서 중요한 문제가 아니에요. 너무 예민하게 반응할 필요가 전혀 없어요.

- 아이는 거울을 보며 거울 속 자신의 모습을 보고 미소를 지어요.

- 아이의 이름을 부르면 소리 나는 방향으로 고개를 돌려요.

- 기억력이 발달해서 조금 전에 일어난 일을 기억할 수 있어요.

- 애착관계가 형성돼요. 아이의 인생 초기에 강한 감정적 유대를 형성하는 데 부모의 역할이 중요해요.

- 어른과 아이를 구분할 줄 알아요.

- 이전보다 다양한 자음 소리를 내고 음정이나 음량이 다양해지며 발성 빈도가 늘어나요.

- 아이가 하는 모든 말이 의미를 가질 수 있도록 부모는 아이의 하는 말을 공유해서 반응하는 것이 좋아요. 이때 아이가 내는 소리만 따라하지 말고 그 소리를 바꿔서 더 다양한 소리로 반응하면 아이의 표현 능력이 강화될 수 있어요.

- 기쁨과 실망 등의 정서 상태를 소리로 표현해요.

- 들리는 소리는 높이나 강약에 따라 각각 다르게 반응해요.

- 낯을 가리기 시작하고 낯선 사람을 보면 불안해할 수도 있어요.

12장

생후 8개월

삶의
길목마다
빛을 비춰
주소서

하나님을 사랑하는 것은 이것이니 우리가 그의 계명들
을 지키는 것이라 그의 계명들은 무거운 것이 아니로다
요일 5:3

♥ 복된 아가 _____(아)야! 너는 어떤 목소리로 하나님의 말씀을 읽을지 무척 궁금하구나. 말씀을 한 구절 한 구절 읽어 내려갈 때마다 하나님은 너를 축복하시며 순종할 수 있는 힘을 주신단다. 하나님을 사랑하고 부모를 공경하고 이웃을 복되게 하는 _____(이)가 되길 간절히 기도한다.

34

완전한 시력으로
세상을 보게 하소서

주의 사랑 비칠 때에(찬송가 293장) | 믿음으로 서리라

제자들을 돌아보시며 조용히 이르시되 너희가 보는 것을 보는 눈은
복이 있도다 눅 10:23

세상을 밝게 볼 수 있는 두 눈을 주신 하나님! 아이의 시력은 완
전해져서 멀리 있는 물체를 볼 수 있습니다. 또 각 물체가 가진 색채
의 차이를 구별할 수 있습니다. 알록달록한 색깔의 물체를 보고 좋
아하는 아이를 보니 참 감사합니다.

창조하신 아름다운 세상을 볼 때마다, 보는 눈이 복되다 하신 하
나님을 향해 찬양이 넘쳐나게 하소서. 하나님의 시선이 있는 곳에

아이의 시선이 머물게 하시고, 죽어 가는 영혼들을 애타게 찾으시는 하나님의 눈물의 의미를 깨닫게 하소서. 억울한 일을 당하더라도 보이지 않는 하나님을 보는 것같이 참는 자 되게 하소서.

소리를 구분할 수 있게 되며 소리의 근원지를 찾을 수 있게 되었습니다. 영적 분별력을 주셔서 하나님 말씀인지 마귀의 유혹인지 깨닫게 하소서. 반석 위에 세워진 굳건한 믿음으로 이 땅에서 살아가게 하소서. 아직 어리지만 하나님의 말씀을 즐거워하며 말씀의 근원지이신 하나님을 찾고 만날 수 있게 도와주소서.

밝은 태양과 따스한 햇빛을 준비하신 낮의 주인이신 하나님께서 아이가 걸어가는 길목마다 밝은 빛을 비춰 주소서. 아이가 어두운 길로 가거나 죄악에 걸려 넘어지지 않도록, 빛 된 삶을 살게 하소서.

예수님의 이름으로 기도합니다. 아멘!

형통할 때
교만해지지 않게
조심하렴

: 히스기야 왕 이야기(왕하 20:1-21)

　복된 아가 　　　　(아)야! 히스기야는 언제나 하나님 편에 서
서 종교뿐만 아니라 나라를 크게 개혁시키고 잘 이끌어 간 이스라엘
의 왕이었단다. 그의 종교개혁과 정치개혁은 하나님과 백성들의 지
지를 받았어. 그리고 아주 짧은 기간에 나라가 매우 빠른 속도로 성
장하고 번영하고 부강해졌단다.
　그런데 너무도 안타깝게 히스기야는 모든 것이 형통해지자 교만
한 사람이 되었단다. 그 결과 본인뿐만 아니라 예루살렘과 유다에

하나님의 징계가 임하게 되었어. 하나님이 이사야 선지자를 통해 죽음을 선고했어.

"너는 집을 정리하여라. 네가 죽을 것이다. 오래 살지 못할 것이다."

죽음을 선고받은 히스기야는 하나님께 통곡하는 회개 기도를 드렸단다.

"내가 진실과 전심으로 주 앞에서 행하며 주께서 보시기에 선하게 행한 것을 기억하옵소서."

사랑이 많으신 하나님이 히스기야의 기도를 들어주셨어. 히스기야의 수명을 15년 더해 주시고 나라를 지켜주실 것을 약속하셨단다.

성공하고 부요할 때 명심해야 할 것은 하나님과 사람 앞에서 늘 겸손히 살아가는 것이란다. 하나님은 교만한 자를 발견하여 낮아지게 하시고 겸손한 자는 높이시고 구원하신단다. 우리   (이)도 하나님 앞에 늘 겸손하게 살아가기를 기도해.

사랑한다.   (아)야!

35

삶에 공허가 찾아와도

기쁨으로 채우소서

네 맘과 정성을 다하여서(찬송가 218장) | 그 사랑 얼마나(다 표현 못해도)

또 누구든지 하나님을 사랑하면 그 사람은 하나님도 알아주시느니라
고전 8:3

우리를 사랑하셔서서 독생자를 아낌없이 주신 하나님! 아이가 눈에 보이는 모든 것을 향해 손을 뻗고 손에 잡힌 물건에 관심을 가지며 모든 방향으로 움직일 수 있을 정도로 성장했습니다. 건강한 몸과 생각하는 힘을 주셔서 감사합니다.

아이는 자신의 이름을 부르면 몸을 돌려 반응하며 좋아하는 사람들에게 옹알거리기도 하고 다양한 목소리를 내기도 합니다. 하나님께서 아이의 이름을 불러 주시고 복을 주셔서 그 이름을 창대케 하소서. 아이가 날마다 자신의 삶 전체를 하나님께 드리며 하나님의 이름을 부르는 삶을 살아가게 하소서. 아이의 생각 속에 쉴 새 없이 수많은 유혹이 몰려와도, 깊은 바닷속의 고요함과 평온함으로 아이의 생각을 다스려 주소서. 하나님의 전신갑주를 입고 승리하는 삶을 살아가도록 도와주소서. 아이의 마음과 삶을 취하셔서 깨진 마음과 공허해진 삶이 찾아오더라도 하나님의 기쁨과 은혜로 채워 주소서.

아이가 하나님을 사랑하게 하시고 하나님의 마음에 합한 자로 인정받게 하소서. 하나님만이 아이의 소망과 위로와 치유가 되게 하소서.

예수님의 이름으로 기도합니다. 아멘!

복음 앞에
당당한
하나님의 자녀가 되렴

: 세례 요한 이야기(마 3:1-17)

복된 아가 _____ (아)야! 세례 요한은 예수님이 태어나시기 바로 전에 광야에서 살던 사람이야. 그는 사람들에게 "회개하라! 천국이 가까이 왔다"고 외치면서 주님 오실 길을 준비했어.

세례 요한의 모습은 어떠했을까? 그는 낙타털 옷을 입고 있었고 허리에는 가죽 띠를 띠고 있었어. 그가 먹은 음식은 메뚜기와 석청이야. 그런 세례 요한이 요단강에서 사람들에게 세례를 베풀었단다. 그는 이스라엘 백성들에게 강력한 회개 운동을 펼친 위대한 하나님의 사람이었어.

그는 또한 겸손했어. 자신은 그리스도가 아니며 예수님이야말로 메시아이시기 때문에 반드시 흥하고 자신은 쇠해야만 한다고 강조했단다. 예수님이 누구에게 세례를 받으셨을까? 바로 이 세례 요한이야.

세례 요한의 광야에서의 외침은 복음을 예비하는 소리였단다. 엄마 아빠는 기도하며 소망한단다.   (이)도 세례 요한처럼 누구에게든지 '회개하라'고 외칠 수 있는 당당한 하나님의 아들로 자라기를 말이야.

사랑한다.   (아)야!

36

부모를 공경하는
아이가 되게 하소서

나의 사랑하는 책(찬송가 199장) | 목마른 사슴

네 부모를 공경하라 그리하면 네 하나님 여호와가 네게 준 땅에서 네
생명이 길리라 출 20:12

생명의 주인이신 하나님! 아이가 자신의 감정과 의사 표현을 하
기 시작합니다. '다다다다, 마마마마'처럼 넷 이상의 음절을 연결하
여 말할 줄 알게 됨을 감사합니다. 언어 능력이 발달하여 점차 하나
님을 찬양하는 믿음의 고백을 하게 하소서.

엄마가 아이 곁을 떠나면 아이는 울며 엄마를 찾습니다. 그리고
낯선 사람을 보면 공포심을 나타내곤 합니다. 엄마를 애타게 찾듯이

영혼이 날마다 주를 찾기에 갈급한 아이로 자라게 하소서. 마음을 다하고 뜻을 다하여 하나님을 찾으면 만나 주시겠다고 약속하신 말씀을 바라보며 믿게 하소서(신 4:29).

부모를 공경하는 아이로 자라게 하셔서 장수의 복과 위로 하늘의 복과 아래로 깊은 샘의 복을 누리며 살아가게 하소서. 감정과 의사표현을 하기 시작합니다. 자기 생각만 주장하기보다 다른 사람의 생각도 품을 수 있는 넓은 마음을 허락하소서. 아이의 마음이 하나님과 사람 앞에서 정직하고 성결하며 거룩하게 하소서. 모든 면에서 아이의 삶이 주님의 삶을 닮게 하소서.

부모인 우리가 아이를 노엽게 하지 않게 하소서. 민감하게 아이의 말을 경청하게 하시고 판단하거나 무관심하지 않게 하소서.

예수님의 이름으로 기도합니다. 아멘!

실수하더라도
주님은 너를
사랑하신단다

: 베드로 이야기(마 16:13-28)

복된 아가   (아)야! 예수님을 만난 자리에서 생업과 가족을 포기하고 예수님을 따른 제자가 있었어. 바로 베드로야.

베드로는 성격이 급하고 감정 기복이 심한 사람이었어. 얼마나 성격이 급했던지, 물 위를 걸어오시는 예수님을 보고 자기도 물 위를 걷겠다고 뛰어들었다가 바람을 보고 겁을 먹어 바다에 빠진 일이 있었어. 그는 예수님을 보며 "주는 그리스도시요 살아 계신 하나님의 아들이시니이다"(마 16:16) 하는 위대한 신앙고백을 하고도, 예수님이 십자가에 달리시자 "나는 예수님을 모른다"고 세 번이나 부인한 인물이기도 하지. 그는 그 일을 겪고 통곡하며 울었다고 해.

부활하신 예수님은 그런 베드로를 찾아가셨단다. 그리고 "내 양을 먹이라"고 명하셨단다. 예수님은 자신의 죄를 가슴 깊이 품고 '나는 실패한 인생이야' 하면서 자책하던 베드로의 명예를 회복시켜 주신 거야. 예수님의 사랑과 배려가 놀랍고 감사하지 않니? 예수님이 승천하신 후에 베드로는 최선을 다해 선교 활동을 하다가 순교하게 된단다.

실수하거나 실패하더라도 하나님은 여전히 우리를 일으켜 세우시고 용기를 주시는 사랑의 하나님이시란다. 매일 회개하고 하나님께로 돌아서는 믿음의 거인으로 살아가길 기도할게.

사랑한다. ▇▇▇▇(아)야!

KEY
POINT

아이의 능력과
행동 특징

- 생후 8개월 된 아이의 평균 수면 시간은 15~16시간 정도예요.

- 혼자서 앉아 있을 수는 있지만 손을 이용해서 균형을 잡아야 해요.

- 아이의 시력은 완전해졌어요. 멀리 있는 물체를 볼 수 있고 각 물체가 가진 색채의 차이를 구별할 수 있어요.

- 소리를 구분할 수 있어요. 다양한 소리를 깨닫고 소리의 근원지를 찾을 수 있어요.

- 이젠 두 손을 잘 사용할 수 있어서 눈에 보이는 모든 것을 향해 손을 뻗고 잡힌 물건에 관심을 가져요.

- 모든 방향으로 몸을 돌릴 수 있게 되고 회전할 수도 있어요.

- 어떤 아이들은 바닥 위를 미끄러지면서 움직이는 방법으로 방바닥을 기어 다니기도 해요.

- 이 시기의 아이는 자기 이름을 알아요. 이름을 부르면 몸을 돌려 반응해요.

- 아이는 좋아하는 사람들에게 옹알거리기도 하고 다양한 목소리를 내기도 해요.

- 아이의 겨드랑이를 잡고 몸을 일으켜 주면 다리를 쭉 펴고 버티면서 몸을 가눌 준비를 해요. 이 시기의 아이는 이런 자세로 서 있는 것을 좋아해요.

- 아이가 앉거나 누워 있을 때 엄마가 손을 내밀면 그 손을 잡고 바로 일어서는 자세를 취할 수 있어요.

- 자기 손으로 물체를 때리기를 좋아해요.

- 부모가 곁을 떠나면 울어요.

- 입과 손으로 자신의 몸을 탐색해요.

- 엄지손가락을 빨기도 해요.

- 익숙한 가족들을 인식하고 낯선 사람에 대한 공포심을 나타내요.

- 거울에 비친 자기 모습을 보고 거울을 만져요.

- 감정과 의사 표현을 하기 시작해요.

- '다다다다'나 '마마마마' 등 넷 이상의 음절을 연결하여 말할 줄 알아요.

13장

생후 9개월

의심이
생기더라도
믿게 하소서

이 후에 여호와의 말씀이 환상 중에 아브람에게 임하여
이르시되 아브람아 두려워하지 말라 나는 네 방패요 너
의 지극히 큰 상급이니라 창 15:1

♥ 복된 아가 _____(아)야! 너의 앉고 일어서는 순간에도 함께하시고, 네가 가는 길마다 앞장서서 인도하시는 하나님을 찬양하자. 어떤 순간에도 네 곁에서 너를 지키고 보호하시는 하나님을 바라보며 아무것도 두려워하지 말자. 평안이 네 안에 가득하길 기도한다. 너는 하나님이 너무도 사랑하시는 하나님의 자녀란다. 너와 영원토록 함께하실 하나님만 믿고 바라보자.

37

앉고 일어서는 모든 순간에

함께하소서

천지에 있는 이름 중(찬송가 80장) | 내 모든 삶의 행동

네가 채우지 아니한 아름다운 물건이 가득한 집을 얻게 하시며 네가
파지 아니한 우물을 차지하게 하시며 네가 심지 아니한 포도원과 감
람나무를 차지하게 하사 네게 배불리 먹게 하실 때에 신 6:11

　　아름다운 물건이 가득한 집과 물이 끊이지 않는 우물과 열매가
풍성한 나무를 차지하게 하시는 하나님! 아이는 목과 어깨, 팔 근육
에 힘이 생겨서 뒤집기와 기어 다니기를 제법 잘하게 되고, 속도도
점점 빨라지고 있습니다. 아이 성장 발달에 필요한 힘과 능력을 베
풀어 주신 하나님 감사합니다.

　　아이는 자신의 손으로 물건을 던지기도 하고 마음에 들지 않는

물건을 밀어내기도 합니다. 이런 행위들을 놀이라고 생각하는 시기입니다. 다만 놀이를 할 때 던져도 좋은 물건과 던지지 말아야 할 물건을 분별하는 지혜를 주소서.

가구나 사람을 붙잡고 자신의 몸을 일으켜 세우고 자주 서 있기를 좋아합니다. 이젠 기대지 않고도 혼자 앉을 수 있게 되었으며, 바닥에 앉혀 놓으면 손으로 바닥을 짚지 않고도 등을 똑바로 가눌 수 있습니다. 비틀거리며 넘어지더라도 다치지 않게 지켜 주시고, 넘어지더라도 포기하지 않는 용기와 담대함을 허락하소서.

아이의 앉고 일어섬을 아시고 멀리서도 아이의 생각을 밝히 아시는 주님, 아이의 성장 과정의 모든 순간에 함께하소서. 하나님의 무한하신 사랑과 크신 능력으로 아이의 발달 과정에서 일어나는 안전사고와 감기 등의 질병으로 인한 연약함에서 속히 벗어나게 하소서. 하나님의 치유 능력이 아이를 낫게 하시고 하나님의 사랑으로 영육이 강건하게 하소서. 아이는 어떤 상황에서든지 하나님 한 분만을 영원히 송축하며 두 손 들어 경배하게 하소서.

예수님의 이름으로 기도합니다. 아멘!

의심을 넘어
믿음을
더 굳게 하렴

: 도마 이야기(요 20:24-29)

복된 아가 _____(아)야! 예수님이 부활하신 후 처음 제자들에게 나타나실 때 도마는 그 역사적인 현장에 없었단다. 그의 마음이 어땠을까?

다른 제자들이 도마에게 예수님의 부활 소식을 전했지만, 냉철한 이성을 가진 도마는 조금도 믿지 못했어. 그는 이렇게 말했단다.

"내가 그분의 못 자국을 직접 보고 내 손가락을 넣어 봐야 믿겠어. 내 손을 그분의 옆구리에 넣어 보지 않고는 믿지 않을 거야."

　8일이 지난 어느 날, 예수님이 다시 제자들 앞에 나타나셨어. 그리고 예수님은 의심하던 도마에게 가까이 가서서 손의 못 자국, 옆구리의 상처를 보여 주셨지. 그제야 도마는 예수님께 "당신은 나의 주님이십니다. 나의 하나님이십니다"라고 고백했어.

　성경 말씀에 대한 의심과 회의가 생길 수도 있어. 믿음은 우리가 알고 있는 지식과 경험의 영역을 넘어서기 때문이야. 엄마 아빠도 처음부터 성경 말씀의 내용들이 모두 다 믿어진 것이 아니야. 하지만 의심과 회의는 더 굳건한 믿음의 열매를 맺는 자연스런 과정이란다. 의심하는 데서 그치지 말고 강한 믿음으로 가득 채워 가면서 전진하자.

　사랑한다. ■■■■■ (아)야!

38

아이의 불안한 마음을
사랑으로 채워 주소서

나의 맘에 근심 구름(찬송가 83장) | 그 사랑(아버지 사랑 내가 노래해)

내 영혼아 네가 어찌하여 낙심하며 어찌하여 내 속에서 불안해하는가
너는 하나님께 소망을 두라 그가 나타나 도우심으로 말미암아 내 하
나님을 여전히 찬송하리로다 시 43:5

무소부재하신 하나님! 아이가 손을 통해서 정보를 얻게 되고, 엄
지와 검지로 집게 모양을 만들어 물건을 집어 들기도 하며, 놀잇감
의 사용법을 제대로 알고 가지고 놀 수 있게 됨을 감사합니다.

아이에게 새롭고 다양한 환경을 제공하여 호기심을 채워 줄 수
있는 지혜를 우리 부부에게 허락하여 주소서. 숟가락이나 우유병을
자기 힘으로 붙잡으려고 할 때 차분하게 지켜볼 수 있는 인내를 허

락하소서.

아이가 낯선 사람들에게 불안감을 가지기 시작합니다. 엄마와 떨어지는 상황에서는 분리불안 증상이 있습니다. 필요한 지혜를 주셔서 아이가 알아들을 수 있도록 쉽게 설명하게 하소서. 아이가 상황들을 잘 이해하게 하시고 샬롬의 하나님께서 아이의 마음을 친히 주장하여 주소서. 아이의 마음을 하나님의 사랑으로 채워 주셔서 불안해하거나 두려워하지 않게 도와주소서. 성령님의 치유 능력이 아이 안으로 흘러들어가서 아이의 불안한 마음이 사라지게 하시고 어느 곳에서든지 평안히 지내게 하소서.

예수님의 이름으로 기도합니다. 아멘!

아이에게 들려주는 1분 성경 동화

예수님과의 만남이 인생 역전의 순간이란다

: **바디매오 이야기**(막 10:46-52)

복된 아가 ______(아)야! 이름도 없이 하루하루 구걸하며 살아가던 거지 맹인이 있었어. 사람들은 그를 '바디매오'라고 불렀는데, 이건 그저 '디매오의 아들'이라는 뜻이야. 바디매오는 밑바닥 인생이라는 표현이 가장 적합한 사람이었어.

그러던 어느 날, 바디매오는 예수님 이야기를 들었어. 그리고 그분이 지금 여리고에서 나가신다는 사실을 알았어. 바디매오는 주변 시선에도 아랑곳하지 않고 오직 예수님만을 향해 외쳤어. 예수님만이 자기를 살리실 수 있는 분이라고 믿었기 때문이야.

"다윗의 자손 예수여! 나를 불쌍히 여기소서."

바디매오는 점점 더 소리를 높여서 외쳤어. 예수님이 자기를 돌아보시기만을 간절히 원하면서 말이야. 그에게는 예수님만이 바랄 수 있는 희망이었어.

드디어 예수님이 그의 소리를 들으셨단다. 그리고 바디매오를 향해 말씀하셨어.

"내가 네게 무엇을 해 주기를 원하느냐?"

바디매오는 그 음성을 듣자마자 겉옷을 내버리고 일어나 예수님께 뛰어왔어. 그리고 "주님, 제가 보기를 원합니다"라고 말했어.

어떻게 됐을까? 예수님은 그의 간절한 믿음을 보시고 바디매오의 눈을 뜨게 하셨어. 바디매오는 드디어 밝은 세상을 볼 수 있게 되었어. 그뿐만 아니라 바디매오는 진정한 예수님의 제자가 되어 그분을 따랐단다.

예수님은 바디매오의 육신의 눈만 고쳐 주신 것이 아니야. 그에게 삶의 이유와 희망을 주심으로 영혼을 고치셨단다. (이)도 살면서 인생이 막막하게만 느껴지는 순간이 있을 거야. 그럴 때 세상이 아닌 주님께만 손을 뻗기를 바란다. 영안이 밝아져 하나님이 제시하시는 길을 좇아가는 주님의 제자가 되길 기도할게.

사랑한다. (아)야!

39

하나님만이 견고한 요새이심을 깨닫게 하소서

나의 죄를 씻기는(찬송가 252장) | 오늘 이곳에 계신 성령님

사람을 두려워하면 올무에 걸리게 되거니와 여호와를 의지하는 자는 안전하리라 잠 29:25

언제나 안전한 곳에 우리를 두시는 하나님! 아이는 이제 근육 조절 능력이 향상되어서 기어 다니는 기술이 다양해지고 배를 방바닥에 댄 채로 몸을 옆으로 돌리기도 하고 뒤를 돌아보기도 합니다. 친숙한 목소리를 듣고 고개를 돌려 반응할 정도로 성장하게 하시니 감사합니다.

아이에게 노래를 불러 주면서 스킨십을 하면 아이의 정서 발달에

좋다고 합니다. 세상 어떤 노래보다 아이와 함께 하나님을 찬양하게 하소서. 찬양하는 그 시간에 아이 속에 성령님이 거하여 주소서. 찬양을 통하여 아이의 영육이 더욱 더 강건해지기를 원합니다.

아이의 활동 범위가 점점 넓어집니다. 아이의 주변을 지켜 주셔서 어떤 안전사고도 일어나지 않게 지켜 보호하소서. 아이 방을 호기심을 자극하는 환경으로 꾸밀 수 있는 지혜를 허락하셔서, 지능 발달이 원활하게 이뤄지게 하시고, 아이가 지내기에 안전하고 행복한 공간이 되게 하소서.

아이는 이제 간단한 지시어를 이해합니다. 어떤 단어보다 '하나님'을 더 빨리 알아듣게 하시고 하나님을 향한 사랑을 온몸과 마음으로 먼저 고백하게 하소서. 하나님만이 견고한 요새시며 안전한 곳으로 인도하시는 분임을 깨닫게 하소서. 예수님 안에 거하는 삶이야말로 진리 안에서 누리는 진정한 자유와 거룩한 안식임을 깨닫게 하소서.

예수님의 이름으로 기도합니다. 아멘!

예수님은
죄의 고백을
기뻐하신단다

: 삭개오 이야기(눅 19:1-10)

복된 아가 　　　　(아)야! 여리고 지역의 세리장이던 삭개오
는 권력도 있고 돈도 있었지만 친구가 없어서 늘 외롭고 쓸쓸했어.
왜냐하면 당시 사람들은 세금을 걷는 세리장을 싫어했거든.

하루는 삭개오의 동네에 예수님이 지나가신다는 소식이 들렸어.
삭개오는 평소 예수님에 대한 소문을 많이 들었는데, 그 소문으로만
듣던 예수님을 직접 볼 수 있다니 생각만으로도 너무 설레었어.

삭개오는 체구가 작았기 때문에 예수님이 군중에 둘러싸이면 볼

수 없을 것을 알고 근처 돌무화과나무 위로 올라갔어. 그런데 예수님이 지나가시다가 걸음을 멈추시고 나무 위에 있는 삭개오를 쳐다보며 말씀하셨단다.

"삭개오야, 얼른 내려오너라. 내가 오늘 네 집에서 머물겠다."

삭개오는 꿈만 같았어. 예수님을 집에 초대할 수 있다니, 정말 즐거웠어.

삭개오는 예수님과 한자리에 앉아서는 평소에 죄책감을 느꼈던 일을 자기도 모르게 고백하게 됐어.

"내 소유의 절반을 가난한 자들에게 주겠습니다. 만일 제가 누구의 것을 속여 빼앗은 일이 있으면 네 배로 갚겠습니다."

삭개오의 결심을 들은 예수님이 얼마나 기쁘셨을까? 바로 그 자리에서 다음과 같이 선포하셨단다.

"오늘 구원이 이 집에 이르렀다."

예수님이 말씀하신 구원은 돈의 노예로 살아온 삭개오가 물질의 우상에게서 벗어나게 된다는 의미였어.

하나님께 죄를 고백하는 자에게는 죄로부터, 병으로부터 벗어나게 되는 구원의 은혜가 임하게 된단다. _____(이)도 하나님께 죄를 고백할 줄 아는 아이로 자라나길 기도할게.

사랑한다. _____(아)야!

KEY
POINT

아이의 능력과
행동 특징

- 생후 9개월 된 아이의 평균 수면 시간은 14~15시간 정도예요.

- 아이가 손으로 물건을 던질 수도 있고, 맘에 들지 않는 물건은 밀어낼 수도 있어요.

- 아이의 기어 다니는 기술이 점점 늘어나요. 실력도 좋아지고 속도도 빨라져요.

- 근육 조절 능력이 향상되어서 기어 다니기 시작하지만 처음에는 뒤로 움직일 때가 많아요.

- 배를 방바닥에 대고 몸을 옆으로 돌리기도 하고 뒤를 돌아볼 수도 있어요.

- 서 있는 자세에 자신감을 가지고 아무거나 붙잡고 몸을 일으켜 세워요. 또 자주 서 있고 싶어 해요.

- 이젠 가구에 기대지 않고 아무 곳에서나 혼자 앉을 있을 수 있어요.

- 바닥에 앉혀 놓으면 손으로 바닥을 짚지 않고도 등을 똑바로 가눌 수 있어요.

- 아이는 호기심을 가지고 세상을 알아 가기 위해서 필요한 모든 운동 능력을 이용해요.

- 아이가 움직이기 시작할 때부터 주변 공간을 위험하지 않게 정돈해 두어야 해요.

- 아이 방은 호기심을 자극하되 움직이기 편하고 안전한 공간으로 확보해 두는 것이 좋아요.

- 이제는 입보다 손을 통해서 정보를 얻게 되고, 엄지와 검지로 집게 모양을 만들어 물건을 집기도 해요.

- 놀잇감의 의미를 제대로 알고 가지고 놀아요.

- 새로운 환경이나 사물에 호기심을 가져요. 이때 새롭고 다양한 환경을 제공하는 것이 좋아요.

- 뭐든지 스스로 해 보는 것을 좋아하지만 아직은 서툴기 때문에 부모의 도움이 필요해요.

- 숟가락이나 우유병을 자기 힘으로 붙잡고 사용하려고 해요. 인내심을 가지고 지켜봐 주세요.

- 아이의 성격에 따라 모험심이 많던 아이도 다른 사람들에게 불안감을 가지기 시작해요. 물론 그렇지 않은 아이도 많아요.
- 부모에게 강한 애착 현상을 보이고 낯선 사람에 대한 공포심을 나타내기도 해요.
- 아이는 모르는 사람과 아는 사람을 나눌 줄 알게 되며, 이로 인해 새로운 불안감이 생길 수 있어요.
- 생후 8~12개월의 아이는 가급적이면 보육시설에 하루 종일 맡기지 않는 게 좋지만, 대안이 없을 때는 적응 기간을 길게 잡고 아이가 충분히 적응하게 해 주세요. 부모와 분리되는 상황을 안심시키고 이해시키기 위해 많은 노력을 기울여야 해요.
- 분리불안 증상은 아이가 새로운 단계로 발달하기 시작했다는 의미이기도 해요.
- 목욕을 좋아하며 물에서 긴장을 풀고 놀기를 좋아해요.
- 이 시기의 아이는 자신의 몸에 대해 완전히 이해하지 못하고 엄마와 자신도 분명하게 구별하지 못해요.
- 거울에 관심을 보여요. 거울에 비친 자신의 모습을 보고 말을 하기도 하고 다양한 표정을 지을 줄 알아요.
- 노래를 불러 주면서 자연스럽게 스킨십을 하면 아이의 정서 발달에 좋아요.
- 간단한 지시어를 이해해요.
- 친숙한 목소리가 들리면 고개를 돌려 반응해요.

14장

생후 10개월

주 안에서
세상을
탐험하게
하소서

오직 큰 능력과 편 팔로 너희를 애굽에서 인도하여 내신
여호와만 경외하여 그를 예배하며 그에게 제사를 드릴
것이며 왕하 17:36

♥ 복된 아가 _____(아)야! 강한 힘과 크신 능력으로 너를 인도하시는 하나님께 찬양을 드리자. 하나님께만 두 손 들어 경배하며 예배드리는 삶을 살길 바란다. 하나님께서 주시는 능력들로 네 삶이 풍성해지길 바라며 이 땅에서 살아가는 동안 하나님만으로 충만한 _____(이)가 되길 기도한다. 하나님께서 언제든지 너의 이름을 부르실 때는 '제가 여기 있어요. 말씀하시면 순종할게요'라고 대답하는 _____(이)가 되길 기도할게.

40

성전으로 올라가기를
즐거워하게 하소서

성전을 떠나가기 전(찬송가 53장) | 예배합니다(완전하신 나의 주)

하나님이 야곱에게 이르시되 일어나 벧엘로 올라가서 거기 거주하며
네가 네 형 에서의 낯을 피하여 도망하던 때에 네게 나타났던 하나님
께 거기서 제단을 쌓으라 하신지라 창 35:1

우리의 예배를 기쁘게 받으시는 하나님! 세상을 탐험하는 아이의
호기심이 점점 더 왕성해집니다. 움직임의 범위가 더 넓어지고 주변
모든 사물을 두드려 보면서 세상을 탐색해 가는 모습을 보니, 아이
에게 건강한 몸과 마음을 주신 하나님께 감사합니다.

아이는 붙잡고 싶은 것이 있으면 설령 닿을 것 같지 않은 곳이라
도 손을 멀리 뻗곤 합니다. 모세가 바다 위로 손을 내밀자 여호와께

서 물을 갈라 바다를 마른 땅이 되게 하신 것처럼, 아이가 손을 내밀고 뻗는 모든 행위가 하나님의 역사가 나타나는 마른 땅의 기적이 되게 하소서.

디딘고 올라설 수 있는 것이 있으면 기어 올라가려고 시도하기도 하고, 붙잡고 서 있는 자세를 좋아합니다. 두 다리를 더욱 건강하게 하소서. 세상의 헛된 곳이 아니라 하나님 앞으로 예배하러 나아가는 다리가 되게 하여 주소서. 모세가 하나님 앞에 올라갈 때 그를 불러 말씀하신 것처럼, 아이도 성전으로 올라가서 예배드리고 하나님을 찾고 만나는 시간들을 즐거워하게 하소서. 하나님께 예배드리는 주일을 간절히 기다리는 아이가 되게 하소서.

성전으로 올라가서 하나님께 부르짖을 때, 30배, 60배, 100배의 결실들을 아이의 품에 안겨 주소서. 아이가 모든 문제와 염려, 걱정거리들을 하나님께 내어놓고 해결받게 하소서.

예수님의 이름으로 기도합니다. 아멘!

죽은 사람도 살리시는 예수님의 능력을 신뢰하자

: 나사로 이야기(수 11:1-12:11)

복된 아가 ▓▓▓▓▓ (아)야! 베다니라는 작은 마을이 있었어. 그 곳은 대부분 가난한 사람들이 모여 살았단다. 그 마을에는 예수님이 친구라 부르던 나사로와 그의 누이 마르다와 마리아가 살고 있었어. 예수님은 이들 삼 남매의 집에 종종 방문하시고 머물곤 하셨어.

그러던 어느 날, 나사로가 병들어 그의 누이들은 예수님께 사람을 보내 이 소식을 급히 전했어. 나사로의 누이들은 초조한 마음으로 예수님의 방문을 기다렸지만 예수님은 그 소식을 듣고도 머무시던 곳에서 이틀을 더 계셨어. 이틀 후 제자들과 함께 나사로의 집에 도착했을 때는 이미 나사로가 죽은 지 3일이나 지난 뒤였단다.

마르다는 예수님을 원망하면서 말했어.

"주께서 좀 더 일찍 이곳에 왔다면 내 오라버니가 죽지 않았을 거예요."

예수님은 뭐라고 하셨을까?

"네 오라비는 다시 살아날 것이다. 나는 부활이요 생명이니 나를 믿는 자는 죽어도 살 것이다. 살아서 나를 믿는 자는 영원히 죽지 않을 것이다. 이것을 네가 믿느냐?"

그러고 나서 예수님은 나사로의 무덤을 향해 큰 소리로 외치셨어.

"나사로야! 나오너라."

그때 정말 놀라운 일이 일어났어! 죽은 나사로가 손과 발을 베로 동인 채로, 얼굴은 수건에 쌓인 채로 무덤에서 나왔어. 나사로가 살아난 거야.

죽은 나사로를 다시 살리신 놀라운 능력의 예수님께 찬양과 경배를 드리자. 전지전능의 하나님에겐 불가능하신 것이 없단다. 꼭 기억 하렴!

사랑한다. ▨▨▨▨▨▨(아)야!

41

주님의 통제 속에서
담대하게 도전하게 하소서

샤론의 꽃 예수(찬송가 89장) | 주의 이름 높이며

부와 귀가 주께로 말미암고 또 주는 만물의 주재가 되사 손에 권세와
능력이 있사오니 모든 사람을 크게 하심과 강하게 하심이 주의 손에
있나이다 대상 29:12

권세와 능력을 가지신 하나님! 아이는 혼자서 붙잡고 일어서기
시작하며 이전보다 덜 울게 되었습니다. 부모로서 아이가 우는 이유
를 조금씩 더 이해하고 그의 필요를 세심하게 챙겨 줄 수 있게 됨을
감사합니다. 아이가 잠투정하지 않게 하시고, 밤이 되면 편안한 마
음으로 안정된 수면 습관을 취할 수 있도록 도와주소서.
또한 아이는 움직이는 사물에 접근해서 정확하게 붙잡을 수 있게 되었습니다. 전능하신 하나님의 크신 능력이 아이 속으로 향하게 하소서. 아이가 처음으로 경험하는 모든 행동이 하나님의 통제 속에 있게 하소서. 아이의 모든 도전이 안정감 있는 담대함으로 이루어질 수 있게 하소서. 새로운 능력을 습득하기 위해서 아이는 수도 없이 물건을 집어던지지만, 인내심을 가지고 아이의 놀이에 참여하는 지혜를 허락하소서. 능력을 습득한 후에는 고집을 피우거나 화가 날 때 집어던지는 행위로 이어지지 않게 하소서.

하나님의 능력으로 아이에게 부와 귀, 권세와 능력, 크게 하심과 강하게 하심이 있게 하소서. 아이는 모든 능력이 하나님께로만 온다는 믿음으로 한평생 살아가게 하소서.

예수님의 이름으로 기도합니다. 아멘!

쓰임 받는 자의
특권을 주신 하나님께
감사하자

: 바울 이야기(행 9:1-43)

복된 아가 ____ (아)야! 바울은 정말 무서운 사람이었어. 예수 믿는 자들을 위협하고 핍박했어. 그는 예수 믿는 자를 만나면 남녀를 막론하고 결박하여 예루살렘으로 잡아가곤 했단다.

그러던 어느 날, 하늘로부터 환한 빛이 바울에게 비쳤어. 그 빛을 보자마자 바울은 땅에 엎드렸어. 그 빛은 예수님이셨어. 예수님은 바울에게 말씀하셨어.

"네가 어찌하여 나를 박해하느냐? 너는 일어나 시내로 들어가라.

그곳에서 네가 어떻게 하면 좋을지 알려 줄 자를 만날 것이다."

　그 일이 있고 바울은 시력을 잃었고, 먹지도 마시지도 못했단다. 그렇게도 핍박하던 예수님 앞에서 바울이 무너진 거야.

　이 사건으로 바울은 회심하게 되었어. 그뿐만 아니라 이방인을 위한 사도로서의 사명을 부여받았단다. 하나님은 바울을 이방인의 사도로 쓰시려고 그를 어두운 동굴에서 이끌어 내시고, 눈을 가로막고 있던 비늘을 제거하셔서 다시 보게 하셨어. 그리고 바울의 인생은 송두리째 뒤바뀌었단다. 그리스도인들을 박해하던 그가 평생을 복음 전도에 힘쓰고, 여러 지역에 교회를 세우는 사람이 된 거야.

　하나님은 언젠가　　　　　　(이)를 부르시고 찾으실 거야. 쓰임 받는 자의 특권을 주신 하나님께 감사드리자.

　사랑한다.　　　　　(아)야!

42

하나님께서 이름을 부르실 때

반응하게 하소서

슬픈 마음 있는 사람(찬송가 91장) | 은혜로다

여호와께서 임하여 서서 전과 같이 사무엘아 사무엘아 부르시는지라
사무엘이 이르되 말씀하옵소서 주의 종이 듣겠나이다 하니 삼상 3:10

우리의 이름을 불러 주시는 하나님! 아이가 이제 엄마와 아빠를
각각 다른 사람으로 인식하고, 의미 있는 첫 단어를 사용하기 시작
하게 됨을 감사합니다.

'안 돼'라는 간단한 단어의 뜻을 이해하고 하던 행동을 멈추기도
합니다. 아이가 하나님께서 '안 돼' 하실 때, 그 말씀을 알아듣게 하
시고, 하나님이 싫어하시는 길에 들어서거나, 악인들의 꾀를 따르지

않게 하소서. 오직 여호와의 율법을 즐거워하여 주야로 묵상하게 하소서.

아이는 자신의 이름을 부르면 반응합니다. 하나님께서 아이의 이름을 친히 불러 주소서. 아이가 그 부르심에 민감하게 반응하고 순종하도록 마음을 부드럽게 하여 주소서. 아이도 하나님의 이름을 부르며 간구하고 회개하게 하시고, 부르짖을 때마다 응답받는 은혜가 있게 하소서.

들려주는 이야기와 노래 소리에 아이가 반응을 합니다. 아이에게 성경 말씀에 나오는 이야기들을 들려줄 때마다, 하나님이 주시는 지혜의 말씀이 아이 마음 깊은 곳에 뿌리내리게 하셔서 흔들림이 없게 하소서. 아이와 함께 하나님을 찬양하는 소리가 끊임없이 이어지는 가정이 되게 하소서.

하나님은 우리가 찾고 간구할 때마다 더 좋은 것으로 채워 주시는 분이십니다. 아이도 신실한 하나님께만 소망을 두고 살아가게 도와주소서.

예수님의 이름으로 기도합니다. 아멘!

받은
은사대로
잘 섬기렴

: 마리아와 마르다 이야기(눅 10:38-42)

복된 아가 _____ (아)야! 베다니라는 평온하던 동네가 갑자기 부산해지기 시작했단다. 무슨 일일까?

바로 예수님이 마리아와 마르다의 집을 방문하셨기 때문이야. 특히 마음이 들떠 흥분했던 사람은 마르다야. 활동적인 마르다는 예수님께 맛난 음식을 대접하기 위해 이것저것 준비하느라 몸과 마음이 무척 분주했어.

그런데 마리아는 마르다와 달리 아주 편안한 마음으로 예수님

발치에 앉아 예수님을 쳐다보며 말씀을 듣고 있었어. 그걸 발견한 마르다는 화가 머리끝까지 나고 말았어. 그래서 예수님께 이야기했어.

"내 동생이 나 혼자 일하게 둔다고 생각하지 않으십니까? 그러지 말고 동생에게 명해서 저를 돕게 해 주세요."

그런데 마르다의 불평을 들으신 예수님은 어떻게 반응하셨을까?

"네가 많은 일로 염려하고 근심하지만 그럴 필요 없다. 한 가지만 해라. 마리아는 말씀 듣는 편을 택한 것이다."

사람들은 각각 자기가 받은 은사가 있단다. 마르다에게 섬김의 은사가 있었다면 마리아는 그렇지가 않은 거야. 그러니　　　　　　(이)가　　　　　　(이)의 은사대로 쓰임 받는 것이라면 남들이 어떤지에 대해서 불평불만하지 않는 것이 좋겠지? 우리는 받은 은사대로 감사하며 섬길 수 있는 겸손한 마음이 필요하단다. 받은 은사대로 최선을 다해 기쁜 마음으로 섬길 줄 아는 넓은 마음이 필요하단다.

사랑한다.　　　　　　(아)야!

KEY
POINT

아이의 능력과
행동 특징

- 생후 10개월 된 아이의 평균 수면 시간은 14~15시간 정도예요.

- 이 시기의 아이는 대부분 끝없이 움직이며 탐험의 범위가 더 넓어져요.

- 아이는 가능한 모든 사물을 두드려 보는 동작을 하면서 세상을 탐구해 나가요.

- 아이는 붙잡고 싶은 것이 있는 방향으로 손을 내밀어요. 손이 닿지 않는 곳을 향해서도 손을 멀리 뻗어요.

- 딛고 올라설 수 있는 것이 있으면 무조건 기어 올라가려고 시도해요.

- 신체적으로 활발한 아이는 무엇이든지 붙잡고 혼자서 일어서기 시작해요. 서 있는 자세를 많이 좋아해요.

- 새로운 능력을 연습하기 위해서 손에 잡히는 모든 물건을 바닥에 집어던지곤 해요. 부모는 인내심을 가지고 아이의 놀이에 참여해야 해요.

- 아이는 이전보다 덜 울게 되고 엄마는 아이가 우는 이유를 이해하기 쉬워져요.

- 아이에게 매일 동일한 순서에 따라 '목욕, 식사, 자장가 불러 주기(또는 동화 들려주기)' 등의 잠자는 의식을 반복해 주면 안정된 수면 습관을 취하게 되고 편안하게 잠들 수 있어요.

- 움직이는 사물에 접근해서 정확하게 잡을 수 있어요.

- 엄지와 검지를 동시에 사용해서 작은 물건을 잡을 수 있어요.

- 엄마와 아빠를 각각 다른 사람이라고 인식해요.

- 의미 있는 첫 단어를 사용하기 시작하기도 해요.

- '안 돼'라는 간단한 단어를 이해하기 시작해요.

- 아이에게 이야기나 노래 소리를 들려주면 듣고 반응해요.

- 아이의 이름을 부르면 반응해요.

15장

생후 11개월

걸음을
인도하소서

복 있는 사람은 악인들의 꾀를 따르지 아니하며 죄인들
의 길에 서지 아니하며 오만한 자들의 자리에 앉지 아니
하고 시 1:1

♥ 복된 아가 _____(아)야! 하나님께서 네가 걷는 첫 걸음부터 평생 함께하심을 믿고 감사하자. 네 발이 미끄러지거나 실족하지 않게 지켜 주셔서 복 있는 주의 자녀로 살아가도록 도우신단다. 언제나 명심할 것은 악인들의 꾀를 따르지 말고 죄인의 길에 서지 않고 오만한 자들의 자리에 앉지 말아야 한단다. 언제나 하나님이 원하시고 뜻하시는 곳에 서길 간절히 바라고 원하고 기도할게.

43

발이 미끄러지지
않게 하소서

주와 같이 길 가는 것(찬송가 430장) | 내 마음을 가득 채운

내 걸음을 넓게 하셨고 내 발이 미끄러지지 아니하게 하셨나이다

삼하 22:37

✎ 우리의 걸음을 세시는 하나님! 아이는 소근육을 사용해서 사람이
나 물건 또는 방향을 향해 손가락질을 할 수 있게 되고 손을 굴리거
나 돌리거나 잡아당기는 등의 행동으로 자신의 의사를 표현할 줄 알
게 되었습니다. 두 손 사용 능력과 사물을 조작할 수 있는 능력 주심
에 감사합니다.

아이는 혼자 바닥에 앉을 수 있으며, 앉거나 서는 행동이 안정적

이며, 계단을 기어 올라갈 수 있게 되고, 가구를 붙잡고 조금씩 이동하는 것이 가능해졌습니다. 아이의 출생부터 지금까지 지켜주신 하나님의 은혜가 놀랍고 놀랍습니다. 가르쳐 주지 않아도 스스로 습득해 나가는 모습을 보니 아이의 모든 발달 과정들이 경이롭고 감사합니다.

아직 완전하게 균형을 잡지는 못하지만 첫 걸음을 내딛기도 합니다. 아이의 걸음을 넓게 하시고 아이의 발이 미끄러지지 않게 인도하소서. 하나님께서 아이의 걸음보다 앞서 행하시고 아이의 길을 지켜 좌로나 우로나 치우치지 않게 하소서. 아이의 걸음을 주목하시고 감찰하시는 하나님께서 아이가 주의 길을 굳게 지키고 실족하지 않도록 도와주소서.

한평생 하나님께서 기뻐하시는 길로만 행하게 하소서. 기가 막힐 웅덩이와 깊은 수렁을 만나더라도 끌어올려 주시고 아이의 발을 반석 위에 두시고 그 걸음을 견고하게 하소서.

예수님의 이름으로 기도합니다. 아멘!

하나님의 사랑을
맛본 자에게는
기적이 일어난단다

: 사마리아 여인 이야기(요 4:1-42)

복된 아가 ＿＿＿＿＿(아)야! 오늘은 수가라 하는 동네에 살던 사
마리아 여인의 이야기를 들려줄게.

사마리아 여인은 다른 사람들의 이목을 피해 남들이 물 길러 오
지 않는, 뜨거운 태양 빛이 내리쬐는 정오에 우물가에 나왔단다. 어
느 날, 여느 때처럼 사람들의 눈을 피해 느지막이 우물가로 나간 여
인은 예수님과 딱 마주치게 되었어. 예수님이 그 여인에게 물을 좀
달라고 하시면서 대화를 이어 나가게 됐단다.

　그 여인은 대화가 끝날 무렵에야 예수님이 말씀하신 생수에 대한 의미를 파악하게 되었어. 그리고 경계의 눈빛으로 마주하던 예수님에 대한 생각도 조금씩 긍정적으로 변했어. 처음에는 자신의 육신의 눈을 통해서만 예수님을 판단했지만 예수님과의 깊은 대화를 통해 그 여인의 영적인 눈이 열리게 되고 예수님이 어떤 분인지 깨닫게 되었단다.

　예수님을 만나 영의 눈이 밝게 열린 사마리아 여인은 '사람들의 구설수에 오르고 손가락질 당하던 여인'에서 '복음을 전하는 여인'으로 변화했단다. 사마리아 여인이 예수님을 향한 온전한 믿음을 갖게 된 것은, 하나님께서 그 여인과 함께하셨기 때문이란다.

　하나님의 사랑을 맛본 자에게만 일어나는 놀라운 기적의 변화가 　　　　　(이)에게도 일어나도록 기도할게.

　사랑한다. 　　　　　(아)야!

44

우는 자와 함께 우는
주님 마음을 허락하소서

구주의 십자가 보혈로(찬송가 250장) | 예수 좋은 내 친구

주께서 생명의 길을 내게 보이시리니 주의 앞에는 충만한 기쁨이 있고 주의 오른쪽에는 영원한 즐거움이 있나이다 시 16:11

기쁨과 즐거움의 근원이 되시는 하나님! 아이가 두 발로 걷게 하시고 희로애락의 감정을 표현하게 하시니 감사합니다. 아이의 서툰 걸음에도 넘어져서 다치는 일이 없도록 지켜 주소서. 부모인 우리가 아이의 희로애락의 감정 표현을 잘 이해하게 하시고 무시하는 일이 없도록 도와주소서. 아이가 자라나며 희로애락의 모든 감정을 하나님 앞에서 내려놓게 하시고 하나님께서 주시는 기쁨과 즐거움을 누

리게 하소서.

아이에게 정확한 말을 가르칠 수 있는 지혜를 주소서. 아이에게 필요한 언어 습득 능력을 허락하소서. 아이가 낯선 사람에 대한 공포심을 나타내며 분리불안을 강하게 느낍니다. 샬롬의 하나님께서 아이 마음을 만져 주소서. 아이가 특히 좋아하는 것이 무엇인지 눈여겨보게 하시고 달란트를 발견하여 하나님의 구원 사역에 쓰임 받게 하소서. 부모 욕심 또는 또래 아이와 비교해서 성급한 마음으로 대소변 가리기를 강요하지 않게 하소서. 대소변 가리기를 시행하는 동안 아이가 마음에 상처받는 일이 없게 도우시고 우리에게 필요한 지혜를 주소서.

다른 아이가 울면 같이 따라 울기도 하는데, 즐거워하는 자와 함께 즐거워하고 우는 자와 함께 우는 주님의 마음을 허락하소서. 새로운 사물과 새로운 놀이를 좋아하는 그 마음속에 정한 마음을 창조하시고 정직한 영을 새롭게 하여 주소서.

예수님의 이름으로 기도합니다. 아멘!

사랑으로
고아와 과부를
돌보는 일에 힘쓰렴

: 다비다 이야기(행 9:36-43)

복된 아가 _____(아)야! 욥바라는 항구 도시에 평소에 선행과 구제를 많이 행하던 다비다가 죽었어. 다비다는 자신과 같은 처지인 과부들을 위로하고 그들을 섬기며 나누는 삶을 아끼지 않은 사람이었단다.

그때 마침 가까운 곳에 베드로가 있다는 소식을 듣고 다비다의 제자들이 그를 급히 초청했단다. 베드로가 죽은 다비다 곁으로 왔을 때 많은 과부들은 다비다가 생전에 그녀들에게 만들어 준 겉옷과 속

옷을 내보여 주었어. 그러면서 그녀의 지난날의 선행과 사랑을 전하며 슬퍼했단다.

그런데 정말 놀라운 일이 일어났어. 베드로가 기도하여 죽은 다비다를 살려 낸 거야. 이 소문이 퍼지자 많은 사람이 예수님을 믿게 되었단다. 욥바 지역의 복음 전파에 큰 힘이 되어 예수님을 믿는 사람들이 많아졌단다.

외롭고 힘든 과부의 삶을 살았던 그녀는 이웃 과부들을 하나님의 사랑으로 섬겼단다. ＿＿＿＿＿(이)도 어떤 형편에 있든지 하나님이 주신 크신 은혜를 주변 사람들에게 아낌없는 사랑으로 베풀되 특히 고아와 과부를 돌보는 일에 힘쓰기를 간절히 기도한다.

사랑한다. ＿＿＿＿＿(아)야!

45

복 있는 사람이
되게 하소서

사랑의 하나님(찬송가 17장) | 나의 가는 길

무릇 의인들의 길은 여호와께서 인정하시나 악인들의 길은 망하리
로다 시 1:6

의인들의 길을 인정하시고 복 주시는 하나님! 아이는 여러 가지
소리를 모방하기도 하고 엄마의 말투로 감정을 구별하기도 합니다.
때에 맞춰 성장하게 하시니 감사합니다.

'안 돼'라는 단어의 의미를 알지만, 금지한 행동을 다시 반복하기
도 합니다. 하나님께서 싫어하여 금하시는 행동을 반복하는 죄를 짓
지 않게 도와주소서. 아이는 하나님의 말씀을 즐거워하고 주야로 묵

상하는 복 있는 사람이 되게 하소서. 그래서 철을 따라 열매를 맺고 잎사귀가 마르지 않는 나무 같게 하소서. 아이가 하는 모든 일에 형통하는 복을 허락하소서. 복 있는 사람으로 살기 위하여 날마다, 순간마다 하나님의 이름을 찾고 부르는 아이가 되게 하소서.

엄마가 자신에게 하는 행동을 반복해서 따라합니다. 부모는 자녀의 거울이라는 말처럼, 우리가 거룩한 하나님을 닮은 삶을 살아가게 하시고 아이에게는 한 점 부끄럼 없는 부모가 되게 하소서.

모든 불확실성과 의심 가운데서도 하나님께서 원하시는 뜻이 무엇인지 물을 수 있는 은혜를 아이에게 허락하소서. 하나님께서 인정하시는 길로만 걷게 하시고, 악인들의 생각과 행동은 흉내 내지도 않게 하소서.

예수님의 이름으로 기도합니다. 아멘!

네게도
믿음의 동역자가
생기길 기도해

: 브리스길라와 아굴라 이야기(행 10:1-3)

　복된 아가 ＿＿＿＿＿＿(아)야! 바울이 3차 전도여행을 하던 중 아덴을 떠나 고린도에 도착했을 때 브리스길라와 아굴라를 만나게 되었단다. 그들은 바울과 함께 유럽에 복음의 씨앗을 뿌린 부부란다. 그들 부부는 뜻하지 않은 사건으로 바울을 만나 여생을 바울의 선교 동역자로 헌신하였어.

　바울은 천막 깁는 일을 했던 사람이야. 그런데 브리스길라와 아굴라도 같은 일을 하고 있었어. 그들은 자신들의 사업장을 아낌없이 바울에게 제공했단다. 그래서 바울이 그 사업장에서 자연스럽게 전도를 할 수 있었지. 그들은 바울의 훌륭한 동역자였단다.

그들 부부는 바울이 전하는 복음을 하나도 빠짐없이 모두 받아들였어. 함께 일하고 먹으면서 바울을 통해 훌륭한 제자훈련을 받았지. 그리고 효과적인 선교 활동을 할 수 있도록 물심양면으로 도우는 일에 힘썼어. 하나님이 성령으로 하나 되게 하신 브리스길라와 아굴라와 같은 동역자들이 없었다면 바울의 선교 활동도 큰 빛을 보기 힘들었을 거야.

하나님은   (이)에게도 기도의 동역자, 믿음의 동역자를 많이 보내 주실 거야. 함께 동역하여 하나님의 이름을 더 높이며 영광 돌리는 삶을 살아가길 바란다.

사랑한다.   (아)야!

KEY
POINT

아이의 능력과
행동 특징

- 생후 11개월 된 아이의 평균 수면 시간은 14~15시간 정도예요.

- 검지로 손가락질을 할 수 있어요. 물건을 굴리거나 돌리거나 잡아당기는 등의 조작이 가능해져요.

- 아이는 혼자 바닥에 앉을 수 있어요.

- 앉거나 서 있는 데 안정적이며, 계단을 기어 올라갈 줄 알아요.

- 가구를 붙잡고 걸을 수 있어요.

- 아직 완전하게 균형을 잡지는 못하지만 가구를 잡고 걷던 아이가 첫 걸음을 내딛기도 해요.

- 이 시기에는 아이의 신체 발육이 약간 늦춰진다고 느낄 수도 있어요. 그러나 걱정하지 않아도 좋아요. 아이는 이전에 습득한 것들을 견고하게 다지기도 하고 습득하지 못한 것을 천천히 새로 배워 나가고 있어요.

- 자리에 앉는 자세가 완전해지는 시기예요.

- 어떤 자세로 있든지 바닥에서 몸을 일으켜서 혼자서 앉을 수 있게 되며, 앉은 자세로 상체를 좌우로 돌리기도 해요.

- 새로운 사물에 관심이 많아요. 새로운 놀이를 좋아하며 놀이를 스스로 만들어 내기도 해요.

- 다른 형제들의 놀이에 관심을 보이기도 하고 끼어들고 싶어 해요.

- 동물 인형에 관심을 갖기 시작해요. 엄마가 자신에게 하는 것처럼 그 인형을 쓰다듬고 먹이고 재우는 등의 행동을 반복해서 해요.

- 손으로 음식을 움켜쥐고 먹으려고 해요. 이럴 때는 옷을 더럽히더라도 내버려 두는 것이 좋아요.

- 아이에게 유아어를 가르치는 것은 좋지 않아요. 정확한 말을 가르쳐 주세요.

- 걷기 시작하는 아이도 있지만 걸을 때 자세가 불안정해서 자주 넘어질 수 있어요. 가구에 부딪히지 않도록 조심해야 해요.

- 희로애락의 감정 표현을 해요.

- 낯선 사람에 대한 공포심을 표현해요.

- 분리불안을 강하게 느껴요.

- 또래에 관심이 많으며 다른 아이가 울면 같이 따라 울어요.

- 주변에서 들려 오는 여러 가지 소리를 모방해요.

- 어른들의 말투로 감정을 구별할 줄 알아요.

- '안 돼'라는 단어의 의미를 알지만, 금지한 행동을 다시 반복하기도 해요.

생후 12개월

하나님을
아버지라
부르게
하소서

너희가 내 이름으로 무엇을 구하든지 내가 행하리니 이
는 아버지로 하여금 아들로 말미암아 영광을 받으시게
하려 함이라 요 14:13

♥ 복된 아가 _____(아)야! 엄마 아빠를 네 목소리로 크게 불러 주니 놀랍고 기쁘구나. 네가 우리를 '엄마! 아빠!' 라고 부를 때 이렇게 기쁜데, 하나님을 아버지로 부를 때는 얼마나 기쁘고 즐거울까? 생각만 해도 웃음이 나는구나. 네가 네 작은 입으로 하나님을 아버지로 부른다면, 하나님께서 들으시고 기뻐하며 춤을 추실 거야. _____(이)의 평생에 하나님을 아버지로 부르는 은혜가 늘 임하도록 기도할게.

46

언어에 대한 이해력을
내려 주소서

주 없이 살 수 없네(찬송가 292장) | 내가 주인 삼은

그러므로 어리석은 자가 되지 말고 오직 주의 뜻이 무엇인가 이해하라

엡 5:17

🖊 지혜와 계시의 하나님! 아이의 상상력과 모방 능력이 두드러지게
나타납니다. 혼자서 신발을 신으려고도 합니다. 대근육을 사용하여
두 발로 걸음을 뗄 수 있게 하심을 감사합니다. 아이가 스스로 자신
의 몸을 움직여서 걷는 일에 아낌없이 칭찬하고 격려하는 부모가 되
게 하소서.

어휘력이 늘어나는 만큼 언어에 대한 이해력도 향상되어 단순한

심부름도 할 수 있게 되었습니다. 이 시기에 필요한 언어 이해력을 주셔서 언어 발달이 늦어져 걱정하는 일이 없도록 도와주소서. 언제나 하나님의 부르심에 "예"라고 대답하게 하시고, 인도하시는 길로 걸어나가게 도와주소서. 걷기 시작하면서 접하게 되는 새로운 공간과 낯선 사람들을 두려워하기도 합니다. 하나님의 사랑 안에서 두려움에 지배되지 않게 하시고 담대함 마음으로 채워 주소서. 전능하신 하나님의 손길만을 의지하게 하소서.

하나님은 필요한 지혜와 능력과 건강을 주시는 아이의 아버지이십니다. 하나님께서 명령하시면 아이는 충만한 지혜와 능력과 건강으로 일어설 수 있음을 믿게 하소서. 하나님 한 분만이 이 땅의 구주시며 주인이심을 고백하게 하소서. 날마다 하나님의 뜻이 무엇인지 알기 위하여 기도에 힘쓰며 그 뜻을 분별하는 지혜를 내려 주소서.

예수님의 이름으로 기도합니다. 아멘!

어떤 죄든지
하나님께 용서를
구해야 한단다

: 가룟 유다 이야기(요 13:18-30)

복된 아가 _____ (아)야! 예수님이 택한 12명의 제자들 중 한 사람이 예수님을 배신했단다. 그는 악한 대적들에게 은화 30개를 받고 예수님을 팔아넘겼어. 그의 이름은 가룟 유다야.

어느 날, 예수님이 11명의 제자를 데리고 겟세마네 동산으로 기도하러 가셨어. 이때 예수님을 잡아가려는 사람들이 횃불로 길을 밝히며 검과 몽둥이를 들고 그곳으로 올라왔단다. 가룟 유다가 앞장서서 그들을 끌고 왔지. 그리고 가룟 유다는 예수님께 와서 입맞춤을 했어. 이 사람이 예수님이라는 신호를 그들에게 준 거야. 그 자리에서 예수님은 체포되셨어.

다음 날, 정신을 차린 가룟 유다는 자신의 죄를 깨닫고 땅을 치며 후회했어. 그러고는 바로 제사장과 장로들에게 달려가서 은화 30개를 돌려주면서 "내가 죄 없는 예수님을 팔아넘겨 죄를 지었다"라고 외쳤어. 제사장들은 그에게 "그것이 우리와 무슨 상관이냐?" 하고 화를 냈어. 가룟 유다는 은화 30개를 성소에 던져 놓고 나가서 목을 매고 말았단다.

자신의 죄는 알았지만 하나님께 용서를 구하지 않고 목숨을 끊어 버린 가룟 유다의 죄는 하나님에 대한 더 큰 반역이야. 어떤 죄든지 하나님께 용서를 구하면 새로운 삶을 살 수 있단다. 늘 깨어 기도하는 ██████(이)가 되길 기도한다.

사랑한다. ██████(아)야!

47

눈이 밝아져
예수님을 알아보게 하소서

온 세상이 캄캄하여서(찬송가 84장) | 내 맘의 눈을 여소서

> 그들의 눈이 밝아져 그인 줄 알아보더니 예수는 그들에게 보이지 아
> 니하시는지라 눅 24:31

소경의 눈을 뜨게 하신 하나님! 아이의 의미 없는 말이 많아지지만 그런 중에도 어른들의 억양을 따라하면서 알아들을 수 있는 몇 가지 단어를 말하기도 합니다. 때에 맞는 언어 표현 능력을 주셔서 감사합니다.

성인과 같은 망막을 갖게 되고 성인 수준의 시각 기능을 갖게 되었지만 시력은 아직도 매우 약합니다. 눈먼 자를 만져 주시고 눈을

뜨게 하신 전능하신 두 손을 아이의 두 눈에 안수하시어 시력 발달이 원활히 이뤄지게 하소서. 아이가 밝은 시력을 갖게 하신 예수님을 알아보게 하소서. 영안을 밝히셔서 살아 계신 하나님의 말씀도 명확하게 깨닫게 하소서.

기어 다니는 손과 발의 움직임이 유연하고 무척 빨라졌습니다. 엄마의 도움을 받기도 하고 혼자 힘으로 몇 발자국 걷기도 합니다. 아이의 걸음마다 늘 함께하소서. 이스라엘 백성에게 광야 길을 걷게 하신 것을 기억하게 하시고 언제나 하나님 앞에서 겸손히 순종하며 따르게 하소서.

하나님에 대해서 들어 보지도 못한 미전도 종족과, 하나님에 대해서 듣고도 믿지 않는 이 세상의 수많은 자들에게 담대한 마음으로 복음 들고 나가게 하소서. 날마다 겸손하게 두 손 높이 들어 하나님을 찬양하게 하소서. 온 우주의 주인 되신 하나님만 바라보며 열망하게 하소서.

예수님의 이름으로 기도합니다. 아멘!

성령을
속인 죄는
결코 용서받지 못한단다

: 아나니아와 삽비라 이야기(행 5:1-11)

복된 아가 ⬚⬚⬚⬚⬚(아)야! 아나니아와 삽비라는 하나님께 서원한 것을 갚기 싫어서 베드로와 공동체와 성령을 속이려고 했단다. 그들은 소유하고 있던 땅을 판 후, 그 돈의 일부는 감춘 채 나머지 돈을 가지고 사도들 발 앞에 가져왔어. 그러고는 재산 전부를 가져왔다고 거짓말을 했어.

그러나 베드로는 그들 부부가 성령을 속였다는 것을 알고 화가 났어. 이것은 사람에게만 거짓말한 것이 아니라 하나님께 거짓말을 한 것이라고 지적했어. 베드로가 아나니아에게 이 말을 하자마자 그의 혼이 떠나 버렸단다. 주위에 있는 사람들이 크게 두려워했어.

아나니아의 시신을 메고 나간 지 3시간쯤 지나서 삽비라가 들어왔어. 그녀는 남편인 아나니아가 죽은 줄도 모르고 와서는 베드로에게 똑같이 거짓말을 했어. 결국 삽비라도 죽었단다.

성령을 속인 죄는 결코 용서받지 못한단다. 늘 깨어 기도하며 하나님과 사람 앞에서 거룩하고 진실 된 삶을 살도록 힘쓰자.

사랑한다. ⬛⬛⬛⬛⬛ (아)야!

48

하나님, 예수님을
알게 하소서

찬송하는 소리 있어(찬송가 19장) | 나는 예배자입니다

> 너희가 아들이므로 하나님이 그 아들의 영을 우리 마음 가운데 보내
> 사 아빠 아버지라 부르게 하셨느니라 갈 4:6

하나님을 아버지라 부르게 하신 하나님! 아이는 점점 사람들이
모여 있는 곳에 같이 있으려 합니다. 사회성이 발달하면서 간단한
의사소통도 이루어집니다. 가령 아이에게 손을 내밀어 장난감을 달
라고 하면 그 위에 장난감을 올려놓을 줄 압니다. 아이를 바르게 키
워 주심을 감사합니다.

아이는 사물의 이름에 흥미를 갖기 시작합니다. 아이가 세상 어

떤 이름보다 '하나님, 예수님'을 가장 먼저 알고 부르게 하소서. 하나님의 능력과 사랑, 지혜와 구원의 은혜 등 말로 표현할 수 없는 전능하심을 찬양하게 하소서. 하나님을 '아빠 아버지'로 부르고 찾게 하소서.

아이는 '엄마, 맘마'등을 말할 수 있게 되었습니다. 아이가 작은 입을 벌려 처음으로 '엄마'라고 부르던 그날의 행복은 말로 표현할 수 없습니다. 가슴 벅찬 감동이 있었습니다. 우리가 하나님을 믿고 그 거룩하신 이름을 불렀던 첫사랑을 회복하게 하시고 그 사랑으로 아이를 향해 아낌없는 사랑을 줄 수 있는 부모가 되게 하소서.

아이가 하나님을 부를 때마다 응답하여 주소서. 하나님의 이름을 부를 수 있는 특권이 얼마나 놀랍고 감사한 일인지 깨닫게 하소서.

예수님의 이름으로 기도합니다. 아멘!

담대히
복음을 전하는
인생이 되길 기도해

: 스데반 이야기(행 6:5-8:1)

　　복된 아가 　　　　　　(아)야! 복음을 전하다가 돌에 맞아 죽은 스데반의 위대한 삶을 들려줄게. 그는 은혜와 권능이 충만하여 큰 기사와 표적을 행하던 사람이었단다.

　　사도들은 기도와 말씀 사역에 전념하기 위해 구제와 봉사 사역을 맡길 성령과 지혜가 충만한 일곱 집사를 선출했는데, 그중 한 사람이 스데반이야. 스데반은 예수님을 십자가에 못 박게 한 동족들의 죄상을 일일이 열거하면서, 그 예수님이 바로 살아 계신 하나님의 아들이심을 담대히 전했단다. 그는 믿음과 성령이 충만한 사람이었어. 사람들에게 기적을 행하기도 했지. 그러나 유대 제사장은 스데반을 예수님이 메시아라는 설교를 했다는 이유로 이단으로 몰아 신성모독으로 체포했단다.

결국 스데반은 유대 동족들이 던진 돌에 맞아 죽었어. 죽는 순간에도 스데반은 이렇게 부르짖었어.

"주 예수여, 내 영혼을 받으시옵소서."

그리고 무릎을 꿇고 또 크게 소리쳤어.

"주여, 이 죄를 그들에게 돌리지 마옵소서."

스데반은 최초의 순교자가 되었단다.

　　　　　　(이)도 하나님을 믿으며 복음을 담대하게 전하는 자가 되길 기도할게. 하나님을 위해 목숨을 아끼지 않는 스데반 같은 담대한 믿음을 소유하길 기도한다.

사랑한다.　　　　(아)야!

KEY
POINT

아이의 능력과
행동 특징

- 생후 12개월 된 아이의 평균 수면 시간은 14~15시간 정도예요.

- 상상력과 모방 능력이 두드러지게 나타나요

- 신체 발달이 빠른 아이들은 이미 걷기 위한 완벽한 준비를 하고 있어요.

- 손과 발의 움직임이 유연하고, 무척 빠르게 기어 다니며, 엄마의 도움을 받아 몇 발자국 걸을 수 있어요.

- 아이의 활발한 활동을 위해서는 위험하지 않은 선 안에서 스스로 자기 몸을 움직여 걸어 보도록 두고 보는 것이 좋아요.

- 걷기 시작하면서 접하게 되는 새로운 공간을 무서워하기도 해요.

- 손놀림이 섬세해지므로 뚜껑을 열거나 혼자서 신발을 벗을 수도 있어요.

- 어휘력이 늘어나는 만큼 언어에 대한 이해력도 늘어나요 단순한 심부름도 할 수 있을 정도예요.

- 아이의 의미 없는 말이 많아지지만, 어른들의 언어에서 나타나는 강세와 억양을 따라하기도 해요.

- 어떤 아이는 어른이 알아들을 수 있는 몇 가지 단어를 말하기도 해요.

- 출생 직후부터 빠른 속도로 발달한 망막이 이 시기에 성인 수준으로 성장해 성인과 같은 시각 기능을 갖게 되지만 시력은 아직도 매우 낮아요.

- 손가락을 이용해 블록 두 개 정도는 쌓아올릴 수 있어요.

- 특정한 촉각 경험에는 강한 거부감을 표현하기도 해요.

- 사람들이 모여 있는 곳에 같이 있으려고 해요.

- 어른들과 하는 신체 놀이를 즐겨요.

- 아이에게 손을 내밀어 장난감을 달라고 하면 손 위에 장난감을 올려놓을 줄 알아요.

- 사물의 이름에 흥미를 갖기 시작해요.

- '엄마, 맘마' 등을 말할 수 있어요.

- 부모나 양육자의 주의를 끌며 희로애락의 기본적인 정서를 느끼고 표현할 수 있게 됐어요. 아이의 감정을 세밀하게 읽고 반응해 주세요.

부록

상황별
성경 말씀

모유 수유가 잘 안 될 때

"네 아버지의 하나님께로 말미암나니 그가 너를 도우실 것이요 전능자로 말미암나니 그가 네게 복을 주실 것이라 위로 하늘의 복과 아래로 깊은 샘의 복과 젖먹이는 복과 태의 복이리로다"(창 49:25).

"그는 목자 같이 양 떼를 먹이시며 어린 양을 그 팔로 모아 품에 안으시며 젖먹이는 암컷들을 온순히 인도하시리로다"(사 40:11).

"아이가 자라매 젖을 떼고 이삭이 젖을 떼는 날에 아브라함이 큰 잔치를 베풀었더라"(창 21:8).

"있는 재료가 모든 일을 하기에 넉넉하여 남음이 있었더라"(출 36:7).

"주께서 밭고랑에 물을 넉넉히 대사 그 이랑을 평평하게 하시며 또 단비로 부드럽게 하시고 그 싹에 복을 주시나이다"(시 65:10).

"염소의 젖은 넉넉하여 너와 네 집의 음식이 되며 네 여종의 먹을 것이 되느니라"(잠 27:27).

"너희가 젖을 빠는 것 같이 그 위로하는 품에서 만족하겠고 젖을 넉넉히 빤 것 같이 그 영광의 풍성함으로 말미암아 즐거워하리라"(사 66:11).

"그러나 이 모든 일에 우리를 사랑하시는 이로 말미암아 우리가 넉넉히 이기느니라"(롬 8:37).

"여호와는 나의 목자시니 내게 부족함이 없으리로다"(시 23:1).

"여호와여 내 기도를 들으시고 나의 부르짖음을 주께 상달하게 하소서"(시 102:1).

"내 의의 하나님이여 내가 부를 때에 응답하소서 곤란 중에 나를 너그럽게 하셨사오니 내게 은혜를 베푸사 나의 기도를 들으소서"(시 4:1).

"곤란으로 말미암아 내 눈이 쇠하였나이다 여호와여 내가 매일 주를 부르며 주를 향하여 나의 두 손을 들었나이다"(시 88:9).

"주께서 우리 조상들이 애굽에서 고난 받는 것을 감찰하시며 홍해에서 그들의 부르짖음을 들으시고"(느 9:9).

"내 마음의 근심이 많사오니 나를 고난에서 끌어내소서"(시 25:17).

산모의 건강 회복을 위하여

"주는 나를 용서하사 내가 떠나 없어지기 전에 나의 건강을 회복시키소서"(시 39:13).

"그것은 얻는 자에게 생명이 되며 그의 온 육체의 건강이 됨이니라"(잠 4:22).

"예수께서 들으시고 이르시되 건강한 자에게는 의사가 쓸 데 없고 병든 자에게라야 쓸 데 있느니라"(마 9:12).

"예수께서 이르시되 딸아 네 믿음이 너를 구원하였으니 평안히 가라 네 병에서 놓여 건강할지어다"(막 5:34).

"예수께서 대답하여 이르시되 건강한 자에게는 의사가 쓸 데 없고 병든 자에게라야 쓸 데 있나니"(눅 5:31).

"너희와 모든 이스라엘 백성들은 알라 너희가 십자가에 못 박고 하나님이 죽은 자 가운데서 살리신 나사렛 예수 그리스도의 이름으로 이 사람이 건강하게 되어 너희 앞에 섰느니라"(행 4:10).

"모든 생물의 생명과 모든 사람의 육신의 목숨이 다 그의 손에 있느니라"(욥 12:10).

"또 사람의 모양 같은 것 하나가 나를 만지며 나를 강건하게 하여"(단 10:18).

"이르되 큰 은총을 받은 사람이여 두려워하지 말라 평안하라 강건하라 강건하라 그가 이같이 내게 말하매 내가 곧 힘이 나서 이르되 내 주께서 나를 강건하게 하셨사오니 말씀하옵소서"(단 10:19).

"깨어 믿음에 굳게 서서 남자답게 강건하라"(고전 16:13).

"사랑하는 자여 네 영혼이 잘됨 같이 네가 범사에 잘되고 강건하기를 내가 간구하노라"(요삼 1:2).

"내가 사망의 음침한 골짜기로 다닐지라도 해를 두려워하지 않을 것은 주께서 나와 함께하심이라 주의 지팡이와 막대기가 나를 안위하시나이다"(시 23:4).

아이의 건강이 염려될 때

"그 잃어버린 자를 내가 찾으며 쫓기는 자를 내가 돌아오게 하며 상한 자를 내가 싸매 주며 병든 자를 내가 강하게 하려니와 살진 자와 강한 자는 내가 없애고 정의대로 그것들을 먹이리라" (겔 34:16).

"뱀을 집어 올리며 무슨 독을 마실지라도 해를 받지 아니하며 병든 사람에게 손을 얹은즉 나으리라 하시더라"(막 16:18).

"그러므로 내가 너희에게 이르노니 목숨을 위하여 무엇을 먹을까 무엇을 마실까 몸을 위하여 무엇을 입을까 염려하지 말라 목숨이 음식보다 중하지 아니하며 몸이 의복보다 중하지 아니하냐"(마 6:25).

"너희 중에 누가 염려함으로 그 키를 한 자라도 더할 수 있겠느냐"(마 6:27).

"또 너희가 어찌 의복을 위하여 염려하느냐 들의 백합화가 어떻게 자라는가 생각하여 보라 수고도 아니하고 길쌈도 아니하느니라"(마 6:28).

"아무 것도 염려하지 말고 다만 모든 일에 기도와 간구로, 너희 구할 것을 감사함으로 하나님께 아뢰라"(빌 4:6).

"너희 염려를 다 주께 맡기라 이는 그가 너희를 돌보심이라"(벧전 5:7).

"주는 한결같으시고 주의 연대는 무궁하리이다"(시 102:27).

"주의 종들의 자손은 항상 안전히 거주하고 그의 후손은 주 앞에 굳게 서리이다 하였도다" (시 102:28).

아이의 발육이 늦을 때

"의인은 종려나무같이 번성하며 레바논의 백향목 같이 성장하리로다"(시 92:12).

"하나님이 아브라함에게 이르시되 네 아이나 네 여종으로 말미암아 근심하지 말고 사라가 네게 이른 말을 다 들으라 이삭에게서 나는 자라야 네 씨라 부를 것임이니라"(창 21:12).

"끝으로 너희가 주 안에서와 그 힘의 능력으로 강건하여지고"(엡 6:10).

"그의 영광의 풍성함을 따라 그의 성령으로 말미암아 너희 속사람을 능력으로 강건하게 하시오며"(엡 3:16).

"하나님이 그 아이와 함께 계시매 그가 장성하여 광야에서 거주하며 활 쏘는 자가 되었더니"(창 21:20).

"이르되 큰 은총을 받은 사람이여 두려워하지 말라 평안하라 강건하라 강건하라 그가 이같이 내게 말하매 내가 곧 힘이 나서 이르되 내 주께서 나를 강건하게 하셨사오니 말씀하옵소서"(단 10:19).

"그의 형통함과 그의 아름다움이 어찌 그리 큰지 곡식은 청년을, 새 포도주는 처녀를 강건하게 하리라"(슥 9:17).

"여호와께서 빈궁한 자의 기도를 돌아보시며 그들의 기도를 멸시하지 아니하셨도다"(시 102:17).

"주께서 일어나사 시온을 긍휼히 여기시리니 지금은 그에게 은혜를 베푸실 때라 정한 기한이 다가옴이니이다"(시 102:13).

산후통으로 아플 때

"음식을 먹으매 강건하여지니라 사울이 다메섹에 있는 제자들과 함께 며칠 있을새"(행 9:19).

"예수께서 들으시고 그들에게 이르시되 건강한 자에게는 의사가 쓸 데 없고 병든 자에게라야 쓸 데 있느니라 나는 의인을 부르러 온 것이 아니요 죄인을 부르러 왔노라 하시니라"(막 2:17).

"이르시되 너희가 너희 하나님 나 여호와의 말을 들어 순종하고 내가 보기에 의를 행하며 내 계명에 귀를 기울이며 내 모든 규례를 지키면 내가 애굽 사람에게 내린 모든 질병 중 하나도 너희에게 내리지 아니하리니 나는 너희를 치료하는 여호와임이라"(출 15:26).

"네가 이스라엘 자손의 수효를 조사할 때에 조사 받은 각 사람은 그들을 계수할 때에 자기의 생명의 속전을 여호와께 드릴지니 이는 그것을 계수할 때에 그들 중에 질병이 없게 하려 함이라"(출 30:12).

"여호와께서 또 모든 질병을 네게서 멀리하사 너희가 아는 애굽의 악질에 걸리지 않게 하시고 너를 미워하는 모든 자에게 걸리게 하실 것이라"(신 7:15).

"마침 그 때에 예수께서 질병과 고통과 및 악귀 들린 자를 많이 고치시며 또 많은 맹인을 보게 하신지라"(눅 7:21).

"저물매 사람들이 귀신 들린 자를 많이 데리고 예수께 오거늘 예수께서 말씀으로 귀신들을 쫓아내시고 병든 자들을 다 고치시니"(마 8:16).

"예루살렘 부근의 수많은 사람들도 모여 병든 사람과 더러운 귀신에게 괴로움 받는 사람을 데리고 와서 다 나음을 얻으니라"(행 5:16).

"이러므로 섬 가운데 다른 병든 사람들이 와서 고침을 받고"(행 28:9).

"믿음의 기도는 병든 자를 구원하리니 주께서 그를 일으키시리라 혹시 죄를 범하였을지라도 사하심을 받으리라"(약 5:15).

"내 평생에 선하심과 인자하심이 반드시 나를 따르리니 내가 여호와의 집에 영원히 살리로다"(시 23:6).

밤낮이 바뀐 아이 때문에 수면이 부족하여 피곤할 때

"여호와여 속히 내게 응답하소서 내 영이 피곤하니이다 주의 얼굴을 내게서 숨기지 마소서 내가 무덤에 내려가는 자 같을까 두려워하나이다"(시 143:7).

"너는 알지 못하였느냐 듣지 못하였느냐 영원하신 하나님 여호와, 땅 끝까지 창조하신 이는 피곤하지 않으시며 곤비하지 않으시며 명철이 한이 없으시며"(사 40:28).

"피곤한 자에게는 능력을 주시며 무능한 자에게는 힘을 더하시나니"(사 40:29).

"소년이라도 피곤하며 곤비하며 장정이라도 넘어지며 쓰러지되"(사 40:30).

"오직 여호와를 앙망하는 자는 새 힘을 얻으리니 독수리가 날개치며 올라감 같을 것이요 달음박질하여도 곤비하지 아니하겠고 걸어가도 피곤하지 아니하리로다"(사 40:31).

"네가 길이 멀어서 피곤할지라도 헛되다 말하지 아니함은 네 힘이 살아났으므로 쇠약하여지지 아니함이라"(사 57:10).

"이는 내가 그 피곤한 심령을 상쾌하게 하며 모든 연약한 심령을 만족하게 하였음이라 하시기로"(렘 31:25).

"내 영혼이 내 속에서 피곤할 때에 내가 여호와를 생각하였더니 내 기도가 주께 이르렀사오며 주의 성전에 미쳤나이다"(욘 2:7).

"그러므로 피곤한 손과 연약한 무릎을 일으켜 세우고"(히 12:12).

"그가 나를 푸른 풀밭에 누이시며 쉴 만한 물가로 인도 하시는도다"(시 23:2).

"곤란으로 말미암아 내 눈이 쇠하였나이다 여호와여 내가 매일 주를 부르며 주를 향하여 나의 두 손을 들었나이다"(시 88:9).

"주께서 일어나사 시온을 긍휼히 여기시리니 지금은 그에게 은혜를 베푸실 때라 정한 기한이 다가옴이니이다"(시 102:13).

"여호와께서 그의 높은 성소에서 굽어보시며 하늘에서 땅을 살펴보셨으니"(시 102:19).

하루 종일 아이와만 함께 지내야 하는 외로움에 지칠 때

"주께서는 보셨나이다 주는 재앙과 원한을 감찰하시고 주의 손으로 갚으려 하시오니 외로운 자가 주를 의지하나이다 주는 벌써부터 고아를 도우시는 이시니이다"(시 10:14).

"참 과부로서 외로운 자는 하나님께 소망을 두어 주야로 항상 간구와 기도를 하거니와"(딤전 5:5).

"하나님이 고독한 자들은 가족과 함께 살게 하시며 갇힌 자들은 이끌어 내사 형통하게 하시느니라 오직 거역하는 자들의 거처는 메마른 땅이로다"(시 68:6).

"여호와께서 홀로 그를 인도하셨고 그와 함께 한 다른 신이 없었도다"(신 32:12).

"예루살렘에 큰 기쁨이 있었으니 이스라엘 왕 다윗의 아들 솔로몬 때로부터 이러한 기쁨이 예루살렘에 없었더라"(대하 30:26).

"유다인에게는 영광과 즐거움과 기쁨과 존귀함이 있는지라"(에 8:16).

"주께서 내 마음에 두신 기쁨은 그들의 곡식과 새 포도주가 풍성할 때보다 더하니이다"(시 4:7).

"주께서 생명의 길을 내게 보이시리니 주의 앞에는 충만한 기쁨이 있고 주의 오른쪽에는 영원한 즐거움이 있나이다"(시 16:11).

"주께서 나의 슬픔이 변하여 내게 춤이 되게 하시며 나의 베옷을 벗기고 기쁨으로 띠 띠우셨나이다"(시 30:11).

"그런즉 내가 하나님의 제단에 나아가 나의 큰 기쁨의 하나님께 이르리이다 하나님이여 나의 하나님이여 내가 수금으로 주를 찬양하리이다"(시 43:4).

"그들은 기쁨과 즐거움으로 인도함을 받고 왕궁에 들어가리로다"(시 45:15).

"기쁨으로 여호와를 섬기며 노래하면서 그의 앞에 나아갈지어다"(시 100:2).

"주의 진리로 나를 지도하시고 교훈하소서 주는 내 구원의 하나님이시니 내가 종일 주를 기다리나이다"(시 25:5).

"주여 나의 모든 소원이 주 앞에 있사오며 나의 탄식이 주 앞에 감추이지 아니하나이다"(시 38:9).

"여호와여 내가 주를 바랐사오니 내 주 하나님이 내게 응답하시리이다"(시 38:15).

기도하고 싶지만 기도가 안 될 때

"백성이 모세에게 부르짖으므로 모세가 여호와께 기도하니 불이 꺼졌더라"(민 11:2).

"우리 하나님 여호와께서 우리가 그에게 기도할 때마다 우리에게 가까이 하심과 같이 그 신이 가까이 함을 얻은 큰 나라가 어디 있느냐"(신 4:7).

"왕이 하나님의 사람에게 말하여 이르되 청하건대 너는 나를 위하여 네 하나님 여호와께 은혜를 구하여 내 손이 다시 성하게 기도하라 하나님의 사람이 여호와께 은혜를 구하니 왕의 손이 다시 성하도록 전과 같이 되니라"(왕상 13:6).

"기도하여 이르되 여호와여 원하건대 그의 눈을 열어서 보게 하옵소서 하니 여호와께서 그 청년의 눈을 여시매 그가 보니 불말과 불병거가 산에 가득하여 엘리사를 둘렀더라"(왕하 6:17).

"나는 너희를 위하여 기도하기를 쉬는 죄를 여호와 앞에 결단코 범하지 아니하고 선하고 의로운 길을 너희에게 가르칠 것인즉"(삼상 12:23).

"만군의 여호와 이스라엘의 하나님이여 주의 종의 귀를 여시고 이르시기를 내가 너를 위하여 집을 세우리라 하셨으므로 주의 종이 이 기도로 주께 간구할 마음이 생겼나이다"(삼하 7:27).

"그곳에서 여호와를 위하여 제단을 쌓고 번제와 화목제를 드렸더니 이에 여호와께서 그 땅을 위한 기도를 들으시매 이스라엘에게 내리는 재앙이 그쳤더라"(삼하 24:25).

"그러나 내 하나님 여호와여 주의 종의 기도와 간구를 돌아보시며 이 종이 오늘 주 앞에서 부르짖음과 비는 기도를 들으시옵소서"(왕상 8:28).

"주께서 전에 말씀하시기를 내 이름이 거기 있으리라 하신 곳 이 성전을 향하여 주의 눈이 주야로 보시오며 주의 종이 이곳을 향하여 비는 기도를 들으시옵소서"(왕상 8:29).

"주의 종과 주의 백성 이스라엘이 이곳을 향하여 기도할 때에 주는 그 간구함을 들으시되 주께서 계신 곳 하늘에서 들으시고 들으시사 사하여 주옵소서"(왕상 8:30).

"여호와께서 그에게 이르시되 네 기도와 네가 내 앞에서 간구한 바를 내가 들었은즉 나는 네가 건축한 이 성전을 거룩하게 구별하여 내 이름을 영원히 그 곳에 두며 내 눈길과 내 마음이 항상 거기에 있으리니"(왕상 9:3).

"그러나 나의 하나님 여호와여 주의 종의 기도와 간구를 돌아보시며 주의 종이 주 앞에서 부르짖는 것과 비는 기도를 들으시옵소서"(대하 6:19).

두려움이 몰려올 때

"이후에 여호와의 말씀이 환상 중에 아브람에게 임하여 이르시되 아브람아 두려워하지 말라 나는 네 방패요 너의 지극히 큰 상급이니라"(창 15:1).

"하나님이 그 어린 아이의 소리를 들으셨으므로 하나님의 사자가 하늘에서부터 하갈을 불러 이르시되 하갈아 무슨 일이냐 두려워하지 말라 하나님이 저기 있는 아이의 소리를 들으셨나니"(창 21:17).

"그 밤에 여호와께서 그에게 나타나 이르시되 나는 네 아버지 아브라함의 하나님이니 두려워하지 말라 내 종 아브라함을 위하여 내가 너와 함께 있어 네게 복을 주어 네 자손이 번성하게 하리라 하신지라"(창 26:24).

"하나님이 이르시되 나는 하나님이라 네 아버지의 하나님이니 애굽으로 내려가기를 두려워하지 말라 내가 거기서 너로 큰 민족을 이루게 하리라"(창 46:3).

"모세가 백성에게 이르되 두려워하지 말라 하나님이 임하심은 너희를 시험하고 너희로 경외하여 범죄하지 않게 하려 하심이니라"(출 20:20).

"너희는 그들을 두려워하지 말라 너희의 하나님 여호와께서 친히 너희를 위하여 싸우시리라 하였노라"(신 3:22).

"그들을 두려워하지 말고 네 하나님 여호와께서 바로와 온 애굽에 행하신 것을 잘 기억하되"(신 7:18).

"네 하나님 여호와께서 너를 인도하여 내실 때에 네가 본 큰 시험과 이적과 기사와 강한 손과 편 팔을 기억하라 네 하나님 여호와께서 네가 두려워하는 모든 민족에게 그와 같이 행하실 것이요"(신 7:19).

"너는 그들을 두려워하지 말라 너희의 하나님 여호와 곧 크고 두려운 하나님이 너희 중에 계심이니라"(신 7:21).

"여호와께서 그에게 이르시되 너는 안심하라 두려워하지 말라 죽지 아니하리라 하시니라"(삿 6:23).

"내가 네게 명령한 것이 아니냐 강하고 담대하라 두려워하지 말며 놀라지 말라 네가 어디로 가든지 네 하나님 여호와가 너와 함께하느니라 하시니라"(수 1:9).

"여호와의 종 모세가 너희에게 명령하여 이르기를 너희의 하나님 여호와께서 너희에게 안식을 주시며 이 땅을 너희에게 주시리라 하였나니 너희는 그 말을 기억하라"(수 1:13).

"여호수아가 그들에게 이르되 두려워하지 말며 놀라지 말고 강하고 담대하라 너희가 맞서서 싸우는 모든 대적에게 여호와께서 다 이와 같이 하시리라 하고"(수 10:25).

"두려워하지 말라 내가 너와 함께 함이라 놀라지 말라 나는 네 하나님이 됨이라 내가 너를 굳세게 하리라 참으로 너를 도와주리라 참으로 나의 의로운 오른손으로 너를 붙들리라"(사 41:10).

이 세상에서 혼자인 것 같을 때

"주는 계신 곳 하늘에서 들으시고 사하시며 각 사람의 마음을 아시오니 그들의 모든 행위대로 행하사 갚으시옵소서 주만 홀로 사람의 마음을 다 아심이니이다"(왕상 8:39).

"그 앞에서 히스기야가 기도하여 이르되 그룹들 위에 계신 이스라엘의 하나님 여호와여 주는 천하만국에 홀로 하나님이시라 주께서 천지를 만드셨나이다"(왕하 19:15).

"우리 하나님 여호와여 원하건대 이제 우리를 그의 손에서 구원 하옵소서 그리하시면 천하만국이 주 여호와가 홀로 하나님이신 줄 알리이다 하니라"(왕하 19:19).

"주는 계신 곳 하늘에서 들으시며 사유하시되 각 사람의 마음을 아시오니 그의 모든 행위대로 갚으시옵소서 주만 홀로 사람의 마음을 아심이니이다"(대하 6:30).

"원하건대 주는 주의 지팡이로 주의 백성 곧 갈멜 속 삼림에 홀로 거주하는 주의 기업의 양 떼를 먹이시되 그들을 옛날 같이 바산과 길르앗에서 먹이시옵소서"(미 7:14).

"여호와께서 천하의 왕이 되시리니 그 날에는 여호와께서 홀로 한 분이실 것이요 그의 이름이 홀로 하나이실 것이라"(슥 14:9).

"주께서는 보셨나이다 주는 재앙과 원한을 감찰하시고 주의 손으로 갚으려 하시오니 외로운 자가 주를 의지 하나이다 주는 벌써부터 고아를 도우시는 이시니이다"(시 10:14).

"그러므로 주께서 친히 징조를 너희에게 주실 것이라 보라 처녀가 잉태하여 아들을 낳을 것이요 그의 이름을 임마누엘이라 하리라"(사 7:14).

"흘러 유다에 들어와서 가득하여 목에까지 미치리라 임마누엘이여 그가 펴는 날개가 네 땅에 가득하리라 하셨느니라"(사 8:8).

"여호와께서 너를 실족하지 아니하게 하시며 너를 지키시는 이가 졸지 아니하시리로다"
(시 121:3).

"이스라엘을 지키시는 이는 졸지도 아니하시고 주무시지도 아니하시리로다"(시 121:4).

"여호와는 너를 지키시는 이시라 여호와께서 네 오른쪽에서 네 그늘이 되시나니"(시 121:5).

"그는 우리의 하나님이시요 우리는 그가 기르시는 백성이며 그의 손이 돌보시는 양이기 때문이라 너희가 오늘 그의 음성을 듣거든"(시 95:7).

"주께서 나를 돌보시는 날에 사람들 앞에서 내 부끄러움을 없게 하시려고 이렇게 행하심이라 하더라"(눅 1:25).

아이를 어떻게 키워야 할지 막막할 때

"내가 또 내 마음에 합한 목자들을 너희에게 주리니 그들이 지식과 명철로 너희를 양육하리라"(렘 3:15).

"또 아비들아 너희 자녀를 노엽게 하지 말고 오직 주의 교훈과 훈계로 양육하라"(엡 6:4).

"우리를 양육하시되 경건하지 않은 것과 이 세상 정욕을 다 버리고 신중함과 의로움과 경건함으로 이 세상에 살고"(딛 2:12).

"그 여자가 광야로 도망하매 거기서 천이백육십 일 동안 그를 양육하기 위하여 하나님께서 예비하신 곳이 있더라"(계 12:6).

"네 자녀에게 부지런히 가르치며 집에 앉았을 때에든지 길을 갈 때에든지 누워 있을 때에든지 일어날 때에든지 이 말씀을 강론할 것이며"(신 6:7).

"너희의 자녀는 알지도 못하고 보지도 못하였으나 너희가 오늘날 기억할 것은 너희의 하나님 여호와의 교훈과 그의 위엄과 그의 강한 손과 펴신 팔과"(신 11:2).

"또 그것을 너희의 자녀에게 가르치며 집에 앉아 있을 때에든지, 길을 갈 때에든지, 누워 있을 때에든지, 일어날 때에든지 이 말씀을 강론하고"(신 11:19).

"너와 네 자녀와 노비와 네 성중에 있는 레위인과 및 너희 중에 있는 객과 고아와 과부가 함께 네 하나님 여호와께서 자기의 이름을 두시려고 택하신 곳에서 네 하나님 여호와 앞에서 즐거워할지니라"(신 16:11).

"그들에게 이르되 내가 오늘 너희에게 증언한 모든 말을 너희의 마음에 두고 너희의 자녀에게 명령하여 이 율법의 모든 말씀을 지켜 행하게 하라"(신 32:46).

"유다 모든 사람들이 그들의 아내와 자녀와 어린이와 더불어 여호와 앞에 섰더라"(대하 20:13).

"와서 여호와의 행적을 볼지어다 그가 땅을 황무지로 만드셨도다"(시 46:8).